清宫图典

故宫博物院 编

朱诚如 任万平 主编

出巡卷

赵云田 林 欢 本卷编著

故宫出版社

总　序

　　编纂多卷本的《清宫图典》是故宫学人的职责，也是故宫学人的夙愿。2002 年由我任主编，故宫同仁通力合作编纂的多卷本《清史图典》（十二册）出版后，得到学界高度评价，促使我们萌发编纂《清宫图典》的愿望。2015 年是故宫博物院九十华诞，我邀请故宫内外学界相关专业同行诸公：任万平（礼仪卷）、李湜（艺术卷）、黄希明（建筑卷）、左远波（生活卷）、于庆祥（政务卷）、滕德永（内务卷）、刘甲良（文化卷）、许静（典藏卷）、赵云田（出巡卷）、李理（禁卫卷）为十卷本《清宫图典》分卷主编，共襄盛举。历三年辛劳，终于付梓。名为《清宫图典》，意在十卷图录在手，能窥真实的清宫政务、生活全貌。

　　以图像记录历史、印证历史，古已有之。中国汉字最早源于象形，即出于图像。中国史书记事记人，向以文字记载为主，但历代学者力主左图右史。只是在当时印刷条件下，图文并茂实不可能。中国历代都有宫廷画家和民间艺人留下一批记录当时人和事的纪实性很强的绘画（包括岩画、壁画），为我们研究当时的历史留下蛛丝马迹。清朝是中国封建社会最后一个王朝，清代宫廷保存了大量的纪实性绘画、晚清的老照片，以及宫廷建筑遗址与各式遗物，为我们提供了研究宫廷历史文化的直观线索，也是我们编纂《清宫图典》的物质基础。高楼大厦不可能凭空搭建，柱础是根本。没有这些图片，就没有图录编纂的可能。

　　中国自古以来就有用绘画图像记事的传统，一些纪实性很强的绘画弥补了文字资料记载的不足，而且某种程度上能提供比文字资料记载更准确、更生动的信息。纪实性绘画分为记人和记事两类。宫廷画家的记人，主要是为帝王、后妃或名臣作“御容”或画像；记事主要是用绘画形式记录当时的重大社会历史事件。西汉毛延寿、唐阎立本都是历史上著名的宫廷画家。阎立本的《步辇图》卷，生动地刻画出唐太宗李世民接见吐蕃松赞干布派来迎娶文成公主的使臣禄东赞的隆重场面。宋代的《迎銮图》卷，绘记了南宋曹勋奉命到金国迎还宋徽宗赵佶灵柩的历史事件。正是绘画的这种无可代替的功能，使郑樵认为“图谱之学，学术之大者”（郑樵《通志》）。到明清两代，东西方海上交通得以开辟，海上交通同样也给东西方文化交流提供了便捷和可能。自明代开始，大批西方文化传播的先驱者——传教士来到中国，他们在传教的同时，也带来了西方先进的科学技术、西方的人文理念，包括西方的文化艺术。西方的绘画技术也逐渐传入中国。一些传教士的高超画艺，得到了中国统治者的认可，他们进而成为宫廷的御用画家，其中最为著名的清代宫廷画家是意大利人郎世宁。郎世宁于康熙五十四年（1715）到达中国广州，时年 27 岁。他当年即到北京，直至乾隆三十一年（1766）在北京病逝，终年 78 岁。郎世宁在中国历经康熙、雍正、乾隆三朝，在清宫中充当宫廷画家达 52 年。郎世宁不仅把西洋画法传到中国，而且为了适应中国皇帝的欣赏品位，在欧洲油画基础上吸收中国画的技法，形成了独特的画风。郎世宁在清宫中培养了一批通晓中西结合画法的宫廷画家，如丁观鹏、张为邦、王幼学等。

在清宫中的外国传教士画家，除著名的郎世宁外，还有王致诚、艾启蒙、贺清泰、安德义等。清代康熙时期，焦秉贞、冷枚、陈枚、唐岱等一些中国宫廷画家和一些民间著名画家也已经开始创作纪实性绘画。其中有王翚为主要作者的《玄烨南巡图》（十二卷）以及与其他宫廷画家合作的《玄烨六旬万寿庆典图》等。康熙后期，郎世宁的入宫，带动了更大规模纪实性绘画的创作，受其影响，一批中国的宫廷画家或合作或独自开始创作纪实性绘画。他们留下了大批南巡、大阅、秋狝、祭祀、行乐等纪实性作品，为我们今天研究清朝宫廷历史文化提供了最为生动的历史画图。绘画中不仅人物逼真，卤簿仪仗、车马轿舆，甚至画面上的头盔甲胄、衣冠服饰、八旗布阵也很逼真。2002 年，故宫博物院在英国举办"乾隆时代艺术展"，其中有著名的《弘历戎装骑马像》，乾隆当时所穿戴的铠甲也同时作为实物展出，画中乾隆穿戴的铠甲，与同时展出的实物铠甲相比，竟然连每一根金丝线都是一样的，令外国观众赞叹不止。2000 年，故宫博物院在台北历史博物馆举办明清家具展，因为展品中有一件乾隆皇帝当年经常使用的交椅，随展同时带去了一幅郎世宁、丁观鹏等中外宫廷画家合作的《弘历雪景行乐图》，图中乾隆皇帝所坐的交椅与展品中的交椅一模一样，器形、色彩、花纹、扶手、尺寸比例都以一丝不苟的工笔写实。更为神奇的是，另一幅《岁朝图》，画的是弘历和诸皇子在宫中欢度春节的场面，其中乾隆的"御容"，以及燃放爆竹的皇子相貌和姿态都与《弘历雪景行乐图》一模一样。纪实性到这种程度，可见这些宫廷画家们为记录历史的真实，确实花费了相当大的功力，从而为我们今天研究清朝的宫廷历史文化留下了丰富的第一手资料。

清朝纪实性绘画从内容上看主要是用来宣扬皇帝的文治武功和威仪，但是我们从每幅画上又会窥见出许多其他社会历史内容。清代宫廷画家留下了许多有价值的纪实性绘画，著名的《万树园赐宴图》就是以纪实手法描绘了我国境内蒙古杜尔伯特部的首领车凌、车凌乌巴什、车凌孟克率部内迁，乾隆皇帝亲自在离宫承德避暑山庄接见，并分别封赐王爵，赏赐贵重礼品，连续大宴十天的宏大场面。奉乾隆皇帝之命，郎世宁、王致诚等传教士画家一直参加这一重大活动，目睹了活动的全过程，对于活动中的重要人物和重大场面，这些宫廷画师均以纪实性手法加以描绘再现，客观记录了清朝政府安抚内迁的杜尔伯特部这一重大历史事件的场面。其他如描绘乾隆皇帝在万法归一殿接见万里迢迢回归祖国的土尔扈特部首领渥巴锡的《万法归一图》屏等。还有一些战图，如著名的铜版画《弘历平定西域战图》一组十六幅，描绘了乾隆时期清政府对西北用兵，平定准噶尔部达瓦齐、天山南路大小和卓木叛乱等重大战事，均有重要的历史价值。

此外，也有大量围绕宫廷和帝王活动的反映清代社会风貌、生产活动、风土人情的纪实性绘画。如著名的《玄烨南巡图》（十二卷）、《弘历南巡图》（十二卷），虽然是以描绘皇帝活动为主，但总体上看是皇帝南巡的纪实，它展现了从北京到江南沿途各地山川河脉、市井乡野、建筑园林、名胜古迹等历史风貌，描绘了大江南北沿途各地士农工商各司其职，以及漕运畅通、商业繁荣等景象。又如《康熙六旬万寿庆典图》两卷，描绘了康熙皇帝六十寿辰盛大的庆典场面。第一卷起自紫禁城的神武门，止于西直门；第二卷由西直门起，止于西北郊的畅春园。它们贯穿了大半个北京城，是当年北京城的风景画。沿途的建筑园林、街市坊间、官军庶民历历在目，再现了京城当年的繁荣景象。《京师生春诗意图》轴，以鸟瞰手法描绘了京城中心地带的全貌，画中正阳门外店铺林立，车马行人栩栩如生，皇宫紫禁城、景山近在眼前。上述画面都是场面宏大的绘画，所以图录范围广泛，历史内涵丰富，史料价值很高。此外，展示清朝大一统皇权统治下的清代农业、手工业、牧业、商业的有《制瓷图》（乾隆朝）、《耕织图》（康熙、雍正朝均有）、《制茶图》（乾隆朝）、《棉花图》（乾隆朝）、《滇南盐井图》（康熙朝）、《广州十三行图》（乾隆朝），以及《香港开埠图》（道光朝）等。清代康熙年间收复台湾后，向台湾派遣官员，大陆的文人学士不断造访台湾，清朝皇帝非常关注台湾，令遣台官员等将台湾地区的风土人情及宝岛的物产情况用绘画形式表现出来，于是有了《台湾内山番地风俗图册》和《台湾内山番地土产图册》。

清代除了大量纪实性绘画外，还有相当数量的老照片流传下来。摄影术发明后，摄影作品成为记录、储存、传递事物形象的特殊讯息载体。留存的历史照片，使人们能够"目睹"已经消逝的前人生活情状。"百闻不如一见"，历史照片可以帮助我们"看见"过去，虽然只是零散的、中断的、瞬间的形象，但它是实在的、具体的、生动的映像。它蕴藏着丰富的历史生活内容。

摄影术是1839年法国政府公布银版摄影法之后才迅速传播开来的。大约也就是1844年，两广总督兼五口通商大臣耆英，在给皇帝的奏折中提到，他曾把自己的"小照"分赠英、法、美、普四国使臣。给耆英照相的摄影师叫于勒·埃及尔，他于1844年以法国海关总检察长的身份到达中国，在广州、澳门、香港等地拍了不少照片，其中部分照片在1848—1853年的法国书刊上陆续复制刊登过，有的还收进了1920年出版的《法国摄影史》一书。照片上还留有摄影者手书的说明文字。这些照片中就有耆英的相片，大约照相术就在此时传入中国。

第二次鸦片战争后，清政府的一些官僚买办兴起了一股办洋务热，引进外资和技术设备，开工厂、修铁路、办矿山等。他们常常把工程进展情况摄制成"照相贴册"出售，有的宣传社会上的重大事件，更多的是汇集风景名胜、戏剧演出等。西方列强用大炮轰开清王朝闭关锁国的大门之际，也正是摄影术开始传播之际。有着悠久文明的东方古国，自然会吸引众多的摄影师来进行"探险""猎奇"的旅行摄影。在抱着各种目的来华的外国人中，有的是旅行摄影师，有的是传教士，有的是跟着侵略军一起打进来的。他们拍摄了大量照片，尽管是为其侵华行为张目，但客观上对沟通中西文化、保存清代社会生活场景起了很大作用。随着时代的变迁，这些独具特色的照片，其历史价值和意义越来越显得重要和宝贵。

　　随着照相技术的传播，晚清的皇帝和王公官僚们也开始喜欢这些洋玩意儿，他们用相机摄下了晚清皇宫的生活情况。目前故宫博物院保存的两万多块当时留下来的照相玻璃底片，其中就有当年他们的作品。外国列强在枪炮的掩护下，用相机摄下了战火中的中国，那个满目疮痍、民不聊生的中国，这些照片大多保存在欧洲各国的博物馆、图书馆里。晚清皇宫和外国人手中留下的数万张反映当时中国状况的照片，是我们研究清王朝社会政治、经济、文化和宫廷生活等历史的最真实、最可靠的资料，当然具有很高的史料价值。

　　应该说这些陈旧的老照片所包含的历史生活内容，其丰富性是任何语言文字描述都难以替代的。这些记录着过去时代人们生活情状的照片，尽管只是星星点点的瞬间形象，却可以开阔人们的眼界，增长对已经逝去的时代的见识，从而激起无穷的联想。它们可以弥补历史教科书的某些不足，是认识历史生活、生产、文化、艺术、建筑、服饰、礼仪、宗教等的形象资料，给人以如临其境的感觉。照片中的人物、背景中的建筑园林，都是当时历史的真实载体。至于人物之间的关系、人物与背景的关系，我们则可以结合文献资料的记载，进行研究、判断，从而得出正确的结论，达到还历史本来面貌的目的。

　　此外，晚清的老照片和纪实性绘画还可以互相验证，而文献记载往往做不到这一点。据朱家溍先生介绍，1947年故宫博物院对太和殿内的陈设进行调整，恢复了清代的原状。因为当时宝座台和台上金漆屏风都是清代原物，只有正中原来的宝座被袁世凯称帝时撤下来，换上了他的一个大靠背椅，这样的陈列，显然不伦不类。因此就决定撤去袁世凯的大靠背椅，换上清代皇帝的宝座。于是准备在文物库房中选择一张形制最大、制作最精的宝座，以为换上去就可以了。挑选了许多，摆上去与屏风总是不相协调。后来从老照片中找出袁世凯撤宝座前的影像，再在故宫内各处寻找，终于找出了这个宝座，虽左边有部分残缺，但右边不缺，可以比照修复。后来又发现一幅康熙皇帝的朝服像，坐的就是这张宝座。此外，还发现乾隆皇帝称太上皇时，皇极殿特制的宝座也是仿制这张宝座制作的。有了老照片和纪实性朝服像上的宝座以及乾隆时的仿制宝座，很快就修复了康熙曾坐过的这张宝座。2002年，我们又根据清代的老照片，把袁世凯时期太和殿内撤去的匾联加以恢复，这样太和殿内的原状陈列终于得到了全部恢复。从中我们可以看出，以老照片为据，从纪实性绘画中得到验证，再找到实物，这样就可以恢复历史上的原状，还历史以本来的面目。可见老照片和纪实性绘画的作用是非常重要的，无可替代的。

　　这些宝贵的资料虽然从数量上看很多，但收藏分散，国内国外、公家私人都有收藏，搜集齐备很不容易。此外，历史是连贯的，而这些第一手资料也有许多盲区，即许多重大历史事件既无纪实性绘画也无相关照片（或许我们现在尚未发现）。还有一个鉴别问题，纪实性绘画有些是佚名，不能判断准确年代。照片鉴别更难，特别是清代老照片，由于当时照相技术不高，底片模糊，即使很清楚的照片，由于都是一张张孤立的底片，照片上的人物究竟是谁，无从查考，需要花大功夫去鉴别，才能利用。

当然，今日之画像已非昔比。纪实性绘画随着历史的演进，亦有开拓创新。特别是摄影技术的高度发展，把图录历史推向新的高度。

《清宫图典》的文物资源，除纪实性绘画和老照片之外，遗址和遗物亦成为图录的另一重要资源。《清宫图典》中大多数图像是借助今日的先进照相术，将遗址和遗物摄录成像，编纂其中。其中宫殿亭台楼阁和园林景观皆为遗址。车马轿舆、顶戴服饰、瓷器玉器、文房用品、文书档案、古籍善本、碑帖拓片等器物皆为遗物。遗址和遗物图像是第一手历史资料，也是编纂《清宫图典》的主体部分。为了准确反映当时的历史风貌，对没有老照片的遗址我们进行了重新拍摄。至于遗物即清代宫廷留存下来的文物，我们也进行了大量的补拍，许多从未拍摄过照片的文物的图片这次被编入图典，也是《清宫图典》的一大亮点。

参与编纂《清宫图典》的诸位同仁均为学术有成、对清宫廷历史各领域素有研究的专家。古稀之年有幸与各位合作，甚为欣慰！我和任万平副院长诚挚感谢诸位的无私奉献！《清宫图典》项目在时间紧、任务重的情况下得以推进，全靠各位精诚合作，完成编纂工作。

我还要感谢任万平副院长，从编纂《清史图典》到《清代文化》图录，再到《清宫图典》，一路走来，万平同志功不可没。她熟悉故宫文物典籍、图画照片，能编纂这几大部数十卷册的图录，一等功非她莫属！

其次要感谢故宫博物院资料信息部及一些相关单位与个人，《清宫图典》中的数千张图片都由他们提供，都凝结着他们的辛劳和汗水；感谢故宫出版社宫廷历史编辑室、文化旅游编辑室团队，他们兢兢业业、一丝不苟的精细操作，保证了本书的质量。

十分荣幸本丛书纳入国家出版基金资助项目，给予资金支持，这是文化事业得到重视的标志！也是国家繁荣昌盛的标志！

图录历史开启一代风气之先，故宫内外学界同仁将为此而鼓与呼！

朱诚如

2015 年 8 月 24 日初稿

2017 年 4 月 22 日定稿

于紫禁城城隍庙

目　录

前　言

中国很早就产生了最高统治者离开都城到自己所统治地区出巡的现象。《孟子·梁惠王下》中记载："天子适诸侯曰巡狩。巡狩者，巡所守也。"这里的巡狩，也称巡幸，实际上就是出巡。秦朝建立以后，中国产生了皇帝，皇帝出巡也就成为中国古代社会的一项重大政治活动。从秦始皇开始，历朝历代皇帝为了巩固统治，都曾出巡。不过，因为他们所面临的具体情况不同，出巡次数的多少、规模的大小也有所区别。其中，秦始皇、汉武帝、隋炀帝、唐太宗这些王朝的皇帝，相比较而言出巡活动更为突出；但是，如果和清朝的皇帝相比，他们又逊色了很多。

首先，清朝前期，或劝文教，或励武功，或谒陵拜祖，或阅视河工，或考察吏治，或省方问俗，或乐山乐水，皇帝出巡的次数非常之多。

顺治帝在位十八年（1644—1661），他曾出巡内蒙古一次，去南苑二十次，猎于近郊两次，到南台射箭两次。

康熙帝在位六十一年（1662—1722），他曾一百零八次巡视京畿地区，其中包括三十三次去南苑，十二次去汤泉，两次去玉泉山，三十三次出巡京郊，一次去保定，二十七次谒孝陵。此外，他还三次东巡盛京，四十次北狩塞外，四次西巡五台山，一次出巡西安，六次南巡到江浙地区。

雍正帝在位只有十三年（1723—1735），主要精力放在了整顿吏治和财政改革，一直不曾远行，可以算作出巡的只有谒东陵七次。

乾隆帝在位六十年（1736—1795），又当太上皇三年多（1796—1799），他曾八十次巡视京畿，其中包括四十四次拜谒东、西陵，十七次到南苑行围，十三次登盘山，六次出巡天津。此外，他一次到河南，五次去山东祭孔祀岱，六次西巡五台山，四次东巡盛京，五十二次北狩，六次南巡江浙。

嘉庆帝在位二十五年（1796—1820），他四十八次巡幸京畿地区，包括十一次去西陵，二十四次去东陵，两次去明陵(这里指明成祖、宣宗、孝宗陵)，十次去南苑，一次去盘山，一次去天津。此外，还有十九次北狩，两次东去盛京，一次西去五台山。

道光帝在位三十年（1821—1850）。他十五次去西陵，九次去东陵，十二次到南苑，一次去明陵，一次东去盛京。

综上所述可见，康熙、乾隆两帝出巡的次数最多，所到地方也最远，应与当时清朝国势强盛，亦即人们所称"康乾盛世"有关。嘉庆帝以后再无南巡，此时清朝已经开始走下坡路。道光二十年（1840）鸦片战争爆发后，资本主义列强入侵中国，清朝割地赔款，国势愈衰，经济上缺乏支撑，社会环境也缺乏保障，特别是没有了远行的政治和经济条件。

其次，清朝皇帝出巡的相关制度比较完备，主要包括以下一些内容。

一是机构。皇帝出巡需要进行认真筹备，清代设置专门机构协调各方面工作。如乾隆帝一般在事前指定亲王一人担任总理行营事务王大臣，负责全面筹划安排出巡活动。

二是仪仗。清代皇帝出巡所使用的骑驾卤簿，具体由掌管皇帝车驾仪仗的銮仪卫负责。銮仪卫同时负责皇帝出巡的安全保卫。

三是御道。康熙帝对出巡道路没有太多要求，但地方官通常会采取措施进行修整、维护。从乾隆帝开始，对御道的要求严格起来，一般要取直，少走弯路，还要碾压坚实，让道路尽量平坦，并多备水缸，随时洒泼道路。

四是行宫。行宫是京城以外供皇帝出巡时居住的场所，一般都分左中右三宫院，又分宫殿区和苑景区两部分。最大的行宫当属承德避暑山庄，用了八十多年时间才最后建成，占地面积八千四百余亩。

五是行在。皇帝出巡所在的地方称行在，亦指皇帝出巡时对政务的处理。清代皇帝出巡，京师各中央机构都要派员随行，在出巡过程中协助皇帝处理有关政务。

六是谒陵。清代皇帝的陵寝主要分三处。一处在关外盛京，由作为祖陵的永陵和努尔哈齐福陵、皇太极昭陵组成。另两处则是直隶遵化的东陵和易县的西陵。按清朝规制，皇帝谒陵有固定程序，包括行谒见礼、大祭礼、大飨礼、三跪九叩礼等。

七是祭祀。清朝规定，皇帝出巡时所经过的名山要亲自祭祀，不能亲自去的，也要派遣大臣前去祭祀。途经的帝王陵寝、圣贤忠烈及名臣祠墓，凡在三十里地以内的，也要派官员祭祀。

八是礼佛。康熙、乾隆、嘉庆皇帝共十一次西巡五台山礼佛，以实际行动表明对藏传佛教的尊崇态度。此外，在清宫中，也有礼佛的场所。

九是行围。清朝定鼎北京后，顺治帝多次去南苑行围。康熙二十年（1681），设立木兰围场，开始举行秋狝大典，行围规制更加详密。乾隆帝时，木兰秋狝达到高潮。

十是阅兵。这一制度始自顺治十三年（1656），地点在京城南苑，时间是三年一次。康熙帝时，不再限于南苑一地，时间上也不再以三年为限。阅兵内容包括列队、鸣枪发号、骑射、赏赐等。

十一是回避。回避是皇帝出巡时一般百姓要遵守的制度。清朝皇帝虽然要求臣下执行这一制度，但同时也希望接触百姓，显示天子威仪，所以通常都谕示有关官员，要尽可能地让百姓在路旁或河岸边跪伏观瞻，不可过多阻止。

十二是颁赏与进献。清朝皇帝出巡时，一般都要蠲免所经地方的地丁钱粮，赏赐兵士银两，对各级官员也要根据不同情况赏赐物品。另一方面，各级官员给皇帝的进献不但量大，而且质高，从《乾隆南巡御档》来看，进献的物品包括名帖、名画、珍珠、玉器、瓷器、书籍、古砚、西洋珐琅刀、西洋自鸣钟表等。

第三，清朝皇帝出巡的历史作用非常明显，主要表现在以下几个方面。

一是维护了社会稳定。康熙、乾隆二帝南巡，拉拢汉族地主阶级以及江南地区的知识分子，维系了江南汉族士民对清廷的向心力。减免赋税照顾到普通百姓的利益，也得到了下层民众的拥护。通过行围阅兵加强威慑，显示了清廷的统治秩序和统治力量，对于加速统一西北边疆起到重要作用。西巡礼佛，则有利于蒙藏地区社会秩序的稳定。

二是促进了经济文化的发展。南巡在治河和修筑浙江海塘方面取得了显著成效，促进了江南城乡经济的繁荣和发展，扬州、苏州、江宁、杭州等城市也日益繁荣。通过东巡，在东北地区鼓励垦荒，剔除过重的差徭，有利于东北边疆的生产发展。在盛京等地区执行奖励文教的措施，推动了当地文教事业的进步。

三是融洽了民族关系。清朝皇帝北狩，在避暑山庄和木兰围场的活动中，有许多少数民族上层人士参加。乾隆帝在避暑山庄接见蒙古各部首领和六世班禅喇嘛，使满族贵族和蒙、藏等少数民族上层的关系更为融洽。

四是抵御了外来侵略。康熙帝出巡东北过程中，加强水师建设，充实水陆军事力量，为最终反击俄国入侵做了政治和军事准备，也为赢得雅克萨之战创造了条件。

当然，清朝皇帝的出巡活动也有不少负作用，如靡费钱财，扰害百姓，还在一定程度上助长了贪污腐败。乾隆帝退位后，曾对臣下说过这样的话："朕临御六十年，并无失德，惟六次南巡，劳民伤财，作无益害有益。"（《清史稿》卷三五七，《吴熊光传》）这应是他发自内心的反省。

本卷从南巡、北狩、东巡、西巡、鲁豫行、京畿行六个方面，概述清代出巡的相关内容。

赵云田

2019 年 3 月 12 日

图版目录

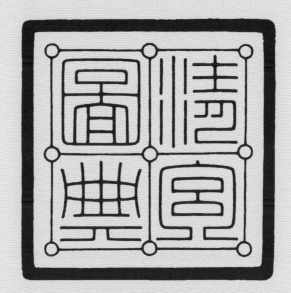

释文：清宫图典

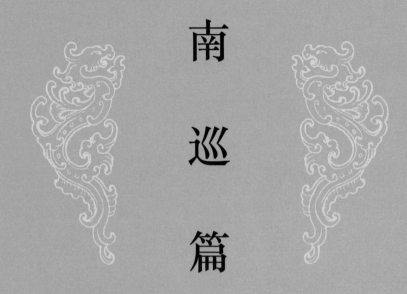

南

巡

篇

　　康熙帝和乾隆帝各有六次南巡，从京师前往江浙一带。

　　康熙帝第一次南巡是康熙二十三年（1684）九月二十八日至十一月二十九日，总计六十天。第二次南巡是二十八年（1689）正月初八日至三月十九日，总计七十一天。第三次南巡是三十八年（1699）二月初三日至五月十七日，总计一百零一天。第四次南巡是四十二年（1703）正月十六日至三月十五日，总计五十九天。第五次南巡是四十四年（1705）二月初九日至闰四月二十八日，总计一百零九天。第六次南巡是四十六年（1707）正月二十二日至五月二十二日，总计一百一十八天。康熙帝六次南巡累计时间是五百二十天。

　　乾隆帝第一次南巡是乾隆十六年（1751）正月十三日至五月初四日，总计一百一十天。第二次南巡是二十二年（1757）正月十一日至四月二十六日，总计一百零五天。第三次南巡是二十七年（1762）正月十二日至五月初四日，总计一百一十二天。第四次南巡是三十年（1765）正月十六日至四月二十一日，总计一百二十五天。第五次南巡是四十五年（1780）正月十二日至五月初九日，总计一百一十一天。第六次南巡是四十九年（1784）正月二十一日至四月二十三日，总计一百二十天。乾隆帝六次南巡累计时间六百八十三天。

　　康熙帝和乾隆帝南巡有时走陆路，有时走水程。一般的路线是：离开京城后，经过直隶、山东两省，前往江南（江苏）、浙江。在江浙沿途经过的重要地方有江苏淮安、扬州、镇江、常州、苏州、江宁（今南京），浙江杭州、会稽、海宁等地。

康熙帝和乾隆帝南巡的主要目的是阅视河工，修建浙江海塘，解决水患；省方问俗，了解民间疾苦，缓和社会矛盾；阅兵察吏，汰劣迁优，加强地方统治；加恩士绅，稳定江南，消除潜在危机。当然，欣赏沿途和江南的名胜古迹，也是一个重要的方面。

康熙帝、乾隆帝南巡，一是维护了清朝社会的稳定。其中包括根治水害，维护了百姓生活的安定；调整政策，增强了民间的向心力。二是促进了江南经济文化的发展和民生的改善。包括对沿途所经过地方普遍蠲免钱粮，减轻了百姓负担，恢复了社会生产力，促进了经济的进步；三部藏于江南的《四库全书》，允许士子借阅，推动了当地文化教育的发展。当然，南巡的负面作用也很明显，尤其是乾隆帝南巡，讲究排场，追求舒适，造成了社会财富的极大浪费，滋长了上层社会的奢靡之风，也一定程度上助长了官员的贪污腐败。

一

南巡程途

《康熙帝朝服像》轴

年代　清康熙
作者　佚名
收藏单位　故宫博物院

　　康熙帝以黄河多次决口，严重危害百姓生活，决定亲至其地，相度形势，察视河工。康熙二十三年（1684）九月二十八日，开始了他第一次南巡，时年三十一岁。图中的康熙帝充满了坚毅、自信的神情。

《康熙帝南巡出京图》

年代　清康熙
作者　（清）王翚
收藏单位　故宫博物院

　　此图选自《康熙帝南巡图》第一卷，描绘的是康熙二十八年（1689）正月初八日，康熙帝第二次南巡出京城永定门时的盛况。康熙帝坐在一匹白马上，在侍卫们的保护下缓缓而行，队伍整齐，旗帜鲜明，场面非常壮观。

003

《康熙帝南巡渡江图》

年代 清康熙
作者 （清）王翚
收藏单位 故宫博物院

　　此图选自《康熙帝南巡图》第十卷，描绘的
是康熙帝第二次南巡泛舟长江的情景。当时江水
奔腾，水师相随，康熙帝的船队威武雄壮。

004

《康熙帝南巡回京图》

年代 清康熙
作者 （清）王翚
收藏单位 故宫博物院

　　此图选自《康熙帝南巡图》第十二卷，描绘
的是康熙帝第二次南巡返回京师紫禁城的情景。
午门外排列卤簿仪仗，康熙帝坐在肩舆之上。

005

《乾隆帝朝服像》轴

年代　清乾隆

作者　佚名

收藏单位　故宫博物院

乾隆帝把自己的南巡称作"法祖省乡"，也就是效法祖宗，视察地方。其实，他六次南巡不只是效法祖父，还有更深层次的考虑。图中的乾隆帝神情肃穆，表现出对未来的施政充满信心。

《乾隆帝初次南巡上谕》

年代　清乾隆十五年（1750）
收藏单位　中国第一历史档案馆

　　乾隆十五年（1750）十二月二十二日，乾隆帝发布上谕："朕明岁南巡江浙，省方问俗，务使民商乐业，肆不改廛。"他要求地方官不可在河道上过早清航，以致商贾裹足不前，市价昂贵。

《乾隆帝南巡出京图》

年代　清乾隆
作者　（清）徐扬
收藏单位　中国国家博物馆

　　此图选自《乾隆帝南巡图》第一卷，描绘的是乾隆帝首次南巡出京时的情景。乾隆十六年（1751）正月十三日，乾隆帝奉皇太后第一次南巡，自乾清门启銮后，出正阳门，右转沿西河沿大街西行，过宣武门前，出广宁（安）门，过宛平县拱极城，至卢沟桥，再过长新（辛）店、塔洼，前往良乡县黄新庄行宫。

乾隆十五年十二月二十二日内阁奉

上谕朕明岁南巡江浙省方问俗务使民商乐业肆不改廛如京口诸庆为南北咽喉百货丛集舳舻啣尾皆民间日用所资不可稍有间缺恐地方有司因御舟将至惟使河道肃清先期于各庆阜为拦阻以致商贾裹足不前市价昂贵于民生殊多未便著速行传谕各该省督抚酌量办理祇可于三五日前稍令避八支港俟过即放遄行以副朕便民恤商至意该部遵谕速行钦此

9

《乾隆帝南巡渡黄河图》

年代 清乾隆
作者 （清）徐扬
收藏单位 法国尼斯市魁黑博物馆

　　此图选自《乾隆帝南巡图》第三卷。乾隆帝
第一次南巡江浙，经过直隶、山东到达江苏清口。
乾隆帝渡河始于清河县孙家码头，到达马头镇清
口；这里是京杭运河与黄河、淮河的交汇处，也是
清代南北交通的咽喉。图中描绘了乾隆帝于淮安府
渡黄河的情景，在龙舟四周，有许多船舰保护。

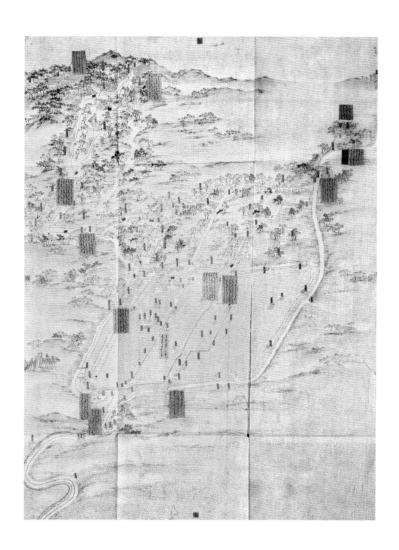

009

《江苏扬州水陆御道总图》

年代　清乾隆
作者　佚名
收藏单位　中国第一历史档案馆

　　扬州位于江苏省中部，长江以北，是漕运枢纽、淮盐总汇。这里商业发达，名胜众多，是乾隆帝南巡的必经之地。图中显示了乾隆帝南巡经过扬州水陆御道的总体情况。

010

《乾隆南巡纪程图》

年代　清乾隆
作者　佚名
收藏单位　台北"故宫博物院"

　　《乾隆南巡纪程图》是办理乾隆帝南巡的有关官员事先规划的巡行路线图说。图册虽然没有标注年代，但是据专家考证，当是乾隆十六年（1751）乾隆帝第一次南巡经行江苏的路线与驻跸地点图。根据图内说明，江苏省共有行宫十八处，图册即以一站一册描绘。图中第十一营是乾隆帝自扬州府江都县香阜寺至江都县高旻寺行宫的程途。第十二营是乾隆帝自江都县高旻寺行宫至镇江府丹徒县金山行宫的程途。第十八营是乾隆帝自苏州行宫至吴江县南斗圩大营的程途。

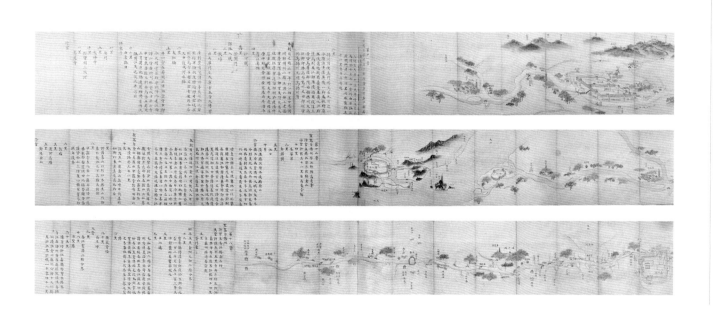

011

《石门镇北至塘栖镇大营道里图说》

年代　清乾隆

作者　佚名

收藏单位　台北"故宫博物院"

012

《塘栖镇第三站至省城内行宫道里
图说》

年代　清乾隆

作者　佚名

收藏单位　台北"故宫博物院"

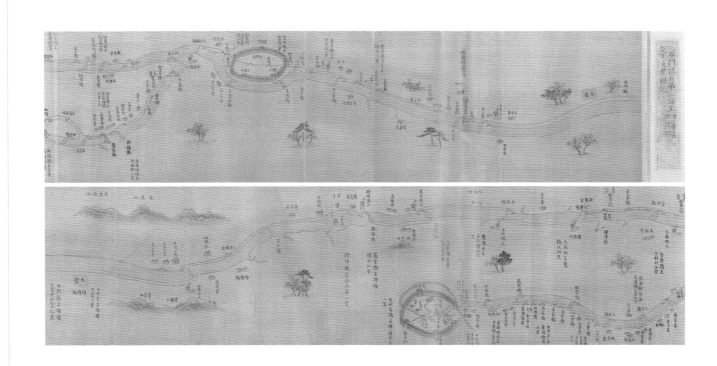

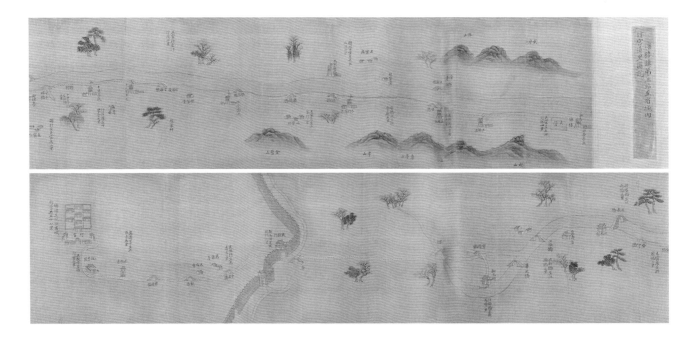

013

《海宁陈园第四站至省城内行宫道里图说》

年代　清乾隆
作者　佚名
收藏单位　台北"故宫博物院"

以上三幅图是乾隆帝南巡浙江之前，由浙江省官员规划的行程道里图说，说明了大营和行宫的位置距离，以及沿途的名胜所在。图中虽然没有标注年代，但是据专家考证，当是乾隆二十七年（1762）乾隆帝第三次南巡经行浙江行程路线。图中的第二站、第四站描绘的是海宁县陈园，后来乾隆帝赐名安澜园。园内建筑精巧，古木参天，茂林修竹，梅香四溢，岩壑参差，深得乾隆帝喜爱。

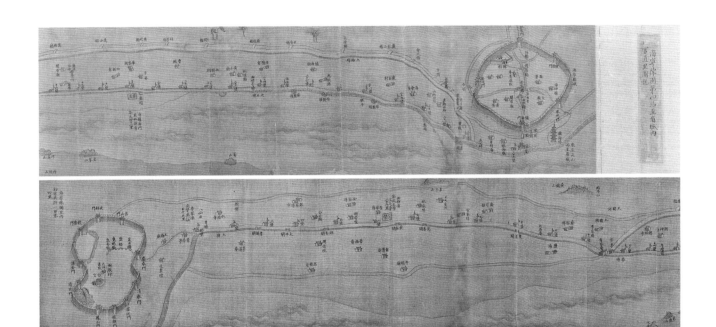

014

《乾隆帝南巡驻跸姑苏图》

年代　清乾隆
作者　（清）徐扬
收藏单位　中国国家博物馆

此图选自《乾隆帝南巡图》第六卷。乾隆帝首次南巡自乾隆十六年（1751）二月十七日离开金山，行经镇江府城、丹徒、丹阳、常州府城、到无锡县城，游秦氏寄畅园、惠山寺，于二月二十日御舟驻跸无锡县北望亭。二十一日，御舟启行，通过湖桥，进入苏州府长洲县界的南望亭镇。图中描绘了乾隆帝南巡驻跸苏州的情景。

015

《乾隆帝南巡至嘉兴烟雨楼图》

年代　清乾隆

作者　（清）徐扬

收藏单位　中国国家博物馆

　　此图选自《乾隆帝南巡图》第七卷，描绘的是乾隆帝游览烟雨楼的情景。烟雨楼为江南著名的旅游胜地，轻烟拂渚，晨雾迷蒙，湖心岛上楼台亭榭若隐若现，绿柳丛中红梅点点。

016

《乾隆帝南巡顺河集离舟登陆图》

年代　清乾隆

绘者　（清）徐扬

收藏单位　中国国家博物馆

　　此图选自《乾隆帝南巡图》第十一卷，描绘了乾隆帝北归的情景。顺河集位于今江苏宿迁，乾隆帝的銮驾自扬州沿京杭运河北返，在顺河集改行陆路回京。图中为乾隆帝一行登陆后的行进情况。

《乾隆帝南巡回京图》

年代　清乾隆
作者　（清）徐扬
收藏单位　故宫博物院

　　此图选自《乾隆帝南巡图》第十二卷，描绘的是乾隆帝南巡归来、自永定门经正阳门到达紫禁城午门的场景。图中乾隆帝戴夏行冠，穿行服袍褂，坐于肩舆，前后为护拥的侍卫等人。道路两侧陈列卤簿，身穿礼服的大臣跪于道路一边迎接。

018

《南巡盛典》

年代　清乾隆
作者　（清）高晋
收藏单位　故宫博物院

　　《南巡盛典》一书总计一百二十卷，分恩纶、天章、蠲除、河防、海塘、祀典、褒赏、吁俊、阅武、程途、名胜、奏议十二门类，详细记载了乾隆十六年至三十年间（1751—1765），乾隆帝四次南巡的有关情况，是一部图文并茂的重要文献，有助于人们了解乾隆帝南巡的途程、内容。该图是乾隆三十六年（1771）武英殿刊本的封面及内页。

019

《南巡盛典·程途》

来源　（清）高晋：《南巡盛典》，乾隆三十六年（1771）武英殿刻本

　　《南巡盛典·程途》卷标出了乾隆帝南巡所经过州县的城池、地形、地貌的情况，以及行程的里数等。此图选自《南巡盛典》第九十二卷。

020

《顺河集行宫图》

来源　（清）高晋：《南巡盛典》，乾隆三十六年（1771）武英殿刻本

　　顺河集行宫在宿迁县运河东遥堤之旁，北距永济桥5里，入江南境已近百里。以往清帝南巡，向驻跸行幄。乾隆二十五年（1760），江南大吏在这里修建便殿数重。乾隆二十七年（1762）、三十年（1765），乾隆帝南巡，都曾在此驻跸。从图中可以看到运河、宿迁县城墙以及行宫的整体格局。此图选自《南巡盛典》第九十七卷。

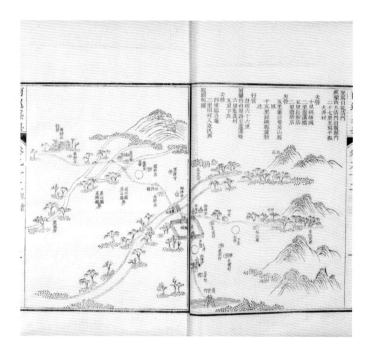

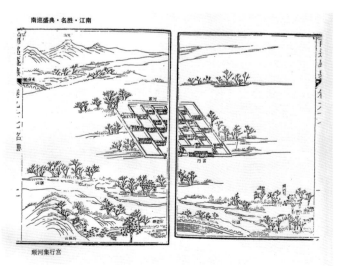

南巡盛典·名胜·江南

顺河集行宫

《陈家庄行宫图》

来源 （清）高晋：《南巡盛典》，乾隆三十六年（1771）
武英殿刻本

陈家庄行宫在桃园县。乾隆帝前三次南巡，
都驻跸鲁家庄营盘。乾隆二十九年（1764），江南
大吏奉旨在离旧营不远而地势较高的陈家庄修建
便殿。乾隆三十年（1765），乾隆帝南巡驻跸于此。
从图中可以看到陈家庄以及行宫宫门、朝房等建
筑。此图选自《南巡盛典》第九十七卷。

《高旻寺行宫图》

年代 清乾隆
作者 佚名
收藏单位 中国国家图书馆

高旻寺行宫在扬州城外15里的茱萸湾。其水
北承淮河、西达仪征、南通瓜步，所以又名三叉
河。寺居其上，有塔名"天中琳宇"。为迎接康熙
帝第五次南巡，苏州织造李煦等官员在此建行宫。
图中可以清楚地看到行宫内的戏台等建筑。此图
选自《江南省行宫坐落并名胜图》。

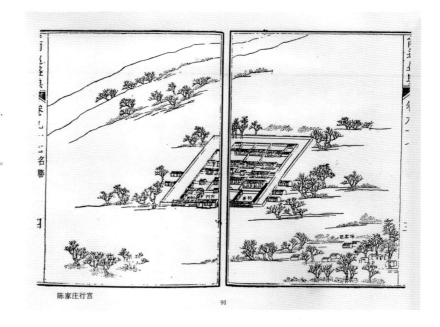

陈家庄行宫

91

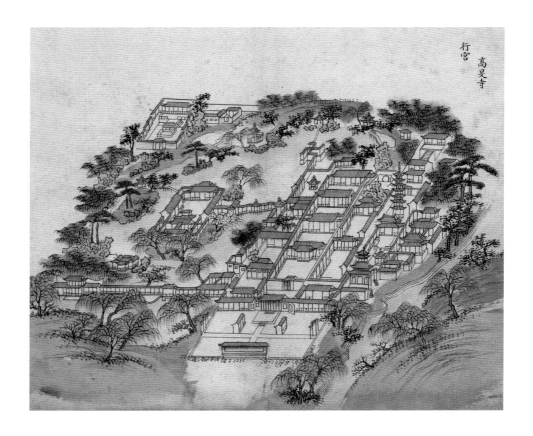

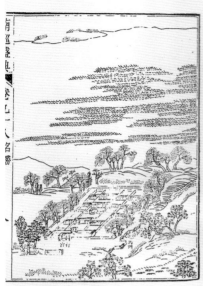

023

《钱家港行宫图》

来源 （清）高晋：《南巡盛典》，乾隆三十六年（1771）
　　　武英殿刻本

　　钱家港行宫在镇江府西门外，傍临小港，可达大江，适当金山之麓，既有横峰侧岭的山景，又有细浪长波的水景。乾隆二十五年（1760），建有板屋数重，作为乾隆帝御舟渡江驻跸之地。从图中可以看到行宫的布局，以及高耸的金山。此图选自《南巡盛典》第九十八卷。

024

《金山行宫图》

年代　清乾隆
作者　佚名
收藏单位　中国国家图书馆

　　金山在镇江府西北 7 里入江中，一名浮玉山，因唐代僧人在此开山得金而得名。康熙帝南巡曾驻跸于此。乾隆十五年（1750），随山走向构建行宫，房屋金碧交辉，图中反映了这种景象。此图选自《江南省行宫坐落并名胜图》。

《苏州行宫图》

年代　清乾隆
作者　佚名
收藏单位　中国国家图书馆

　　苏州行宫在苏州府城内，旧为织造官廨，康熙帝南巡曾驻跸于此。乾隆十五年（1750），在其地改建行宫。图为行宫全景。此图选自《江南省行宫坐落并名胜图》。

026

《灵岩山行宫图》

年代　清乾隆
作者　佚名
收藏单位　中国国家图书馆

　　灵岩山在苏州府西30里，一名石鼓山，山上有灵岩寺。山顶有月池、砚池、玩华池，虽旱不竭。乾隆帝南巡，建行宫于寺旁。图为行宫全景。此图选自《江南省行宫坐落并名胜图》。

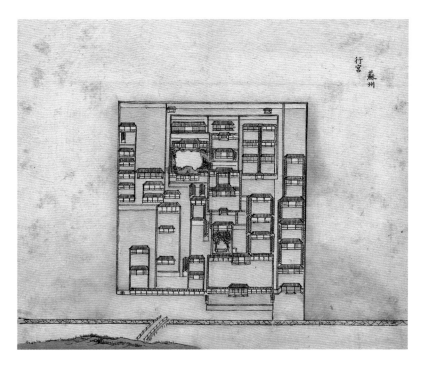

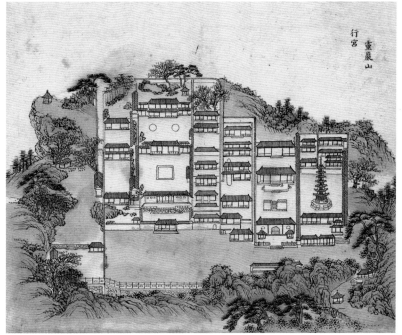

027

《龙潭行宫图》

年代　清乾隆

作者　佚名

收藏单位　中国国家图书馆

　　龙潭行宫在句容县西北80里，背倚大江，系京口、金陵适中之地。康熙帝南巡，在此建行殿数重，乾隆帝时重加修葺。这里岩峦苍翠，树木葱茏，是清帝南巡理想的驻跸之所。图为行宫全景。此图选自《江南省行宫坐落并名胜图》。

028

《江宁行宫图》

年代　清乾隆

作者　佚名

收藏单位　中国国家图书馆

　　江宁行宫位于府城之中，向为织造廨署。乾隆十六年（1751），乾隆帝南巡，改建成行宫。图为行宫全景。此图选自《江南省行宫坐落并名胜图》。

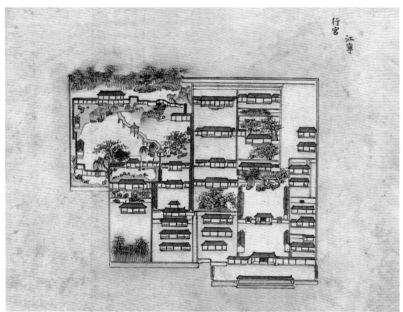

029

《杭州府行宫图》

来源　（清）高晋：《南巡盛典》，乾隆三十六年（1771）
　　　　武英殿刻本

　　杭州府行宫在涌金门内太平坊，旧为织造公
廨。康熙二十八年（1689），康熙帝南巡驻跸于此，
之后多次南巡，即作为行宫。乾隆十六年（1751），
乾隆帝南巡，加以重修。图中可见朝房、茶膳房、
前寝宫、后寝宫等建筑。此图选自《南巡盛典》
第一百零二卷。

030

《西湖行宫图》

年代　清乾隆
作者　佚名
收藏单位　中国第一历史档案馆

　　西湖行宫在孤山之南、群山环拱、万堞平连，
足览全湖之胜。康熙四十四年（1705），康熙帝南
巡驻跸于此。乾隆十六年（1751），乾隆帝南巡，
亦在此驻跸。该图是乾隆年间西湖行宫全景图。

031

杭州孤山行宫宫门

来源　故宫博物院

　　康熙帝南巡时，以杭州孤山圣因寺为行宫，
宫门外就是著名的西湖风景区。

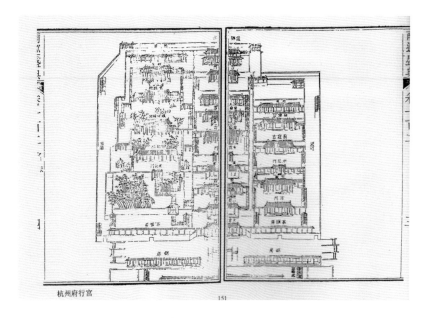

杭州府行宫

151

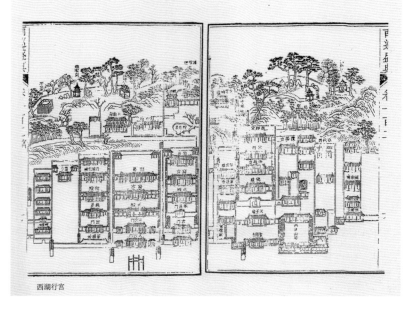

西湖行宫

《治河方略》

年代　清康熙
作者　（清）靳辅
收藏单位　故宫博物院

靳辅（1633—1692），字紫恒，汉军镶黄旗人。康熙十六年（1677）二月，任河道总督，负责治理河务。他遵照康熙帝谕示，对黄、淮、运三河进行综合治理，成效显著，受到康熙帝重视。《治河方略》康熙二十八年（1689）成书，记录了靳辅的治河经验。该图是康熙年间《治河方略》武英殿刊本的封面。

《治河全书》中的《黄河全图》《淮河全图》题名页

年代　康熙四十二年（1703）
作者　（清）张鹏翮
收藏单位　天津图书馆

《治河全书》二十四卷，是清代名臣、治河专家张鹏翮（1649—1725）于康熙四十二年（1703）任南河河道总督时纂辑的进呈本，清代未刊印。全书包括康熙帝阅视河工的上谕，对河道事宜的决策及历任河道总督的治河章奏，记载了中国运河、黄河、淮河三大水域的源流支派、地理位置及历年对其治理的情况，其中对各河道的形成、流向、堤坝修筑、防汛等事宜所记尤为详细。书中还附有彩色绘图，工细精致，精确地反映了三大河流及各支流的全貌。书后附《运河全图》《黄河全图》《淮河全图》等彩绘图二十四种。图为《治河全书》中的《黄河全图》《淮河全图》题名页。

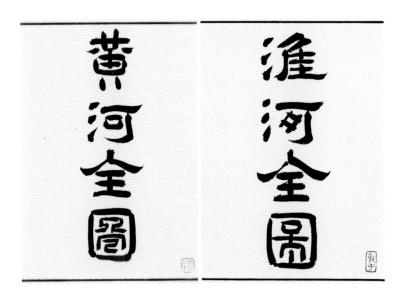

《宿迁桃园交界段黄河图》

此图选自《治河全书》附录《黄河全图》。康熙帝南巡曾到宿迁桃园交界段视察河工。图中可以清晰地看到大古城、大古城工等建筑物。

《清水河段淮河图》

此图选自《治河全书》附录《淮河全图》。康熙帝南巡曾到淮河清水河段视察河工。图中可见洪泽湖北岸天然二坝、新建头坝、二坝、三坝等设施。

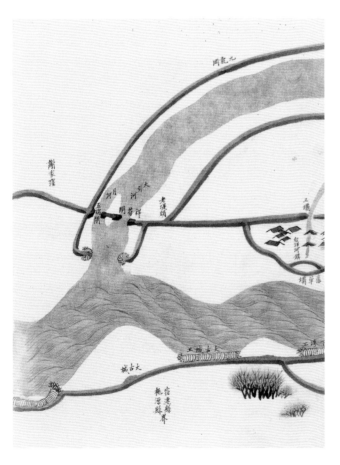

036

《康熙帝治淮图》（局部）

年代　清康熙
作者　（清）赵澄
收藏单位　中国国家博物馆

　　清初黄淮两河水患频仍，灾情不断，田庐受淹，民生困苦。淮安的清口和高家堰是黄、淮、运三河的交汇地带，康熙帝将此地作为治理重点，完成了一系列工程，既减轻了水患，又保证了运河的畅通。图中描绘了百姓分段治理淮河的情景。

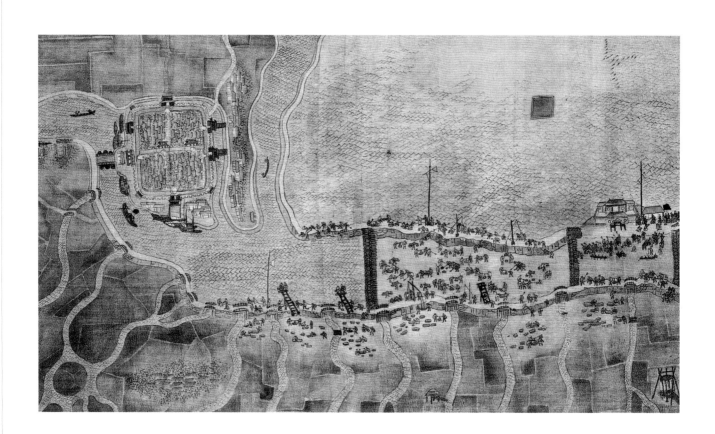

037

《黄河筑堤图》之一

年代　清康熙
作者　佚名
收藏单位　中国国家博物馆

　　康熙帝南巡中多次亲临黄河工地视察、提出
具体的解决办法。经过多年的治理，黄河水患明
显减少。图中展现的是黄河筑堤的场面。

038

《黄河筑堤图》之二

年代　清康熙
作者　佚名
收藏单位　中国国家博物馆

　　图中描绘了黄河筑堤的细节：官员们大都坐
着，并有人为其举伞遮阳；百姓们则成群结队挑
土，往来奔跑。

《康熙帝南巡治河图》

年代　清康熙
作者　（清）王翚
收藏单位　法国巴黎吉美博物馆

　　此图选自《康熙帝南巡图》第四卷。为了减少水患、发展农业，康熙帝先后以靳辅、于成龙、张鹏翮等人为河道总督，治理黄、淮等河，并亲自参与具体规划。图中描绘了康熙帝南巡期间的治河场景：河水滚滚，堤上的人们挑水、担土、栽树、非常忙碌。

《康熙帝南巡临河图》

年代　清康熙
绘者　（清）王翚
收藏单位　法国巴黎吉美博物馆

　　此图选自《康熙帝南巡图》第四卷。康熙帝南巡多次亲临治河现场，了解情况、指示具体办法。图中描绘的是康熙帝在邳州治河现场，他骑在一匹白马上，大臣、官员扈从，邳州的官民则在前跪迎。

041

《乾隆帝南巡视察黄河图》之一

年代　清乾隆
绘者　（清）徐扬
收藏单位　法国尼斯市魁黑博物馆

　　此图选自《乾隆帝南巡图》第四卷。乾隆帝
对治理黄河水患非常重视，这是他南巡的目的之
一。图中描绘的是乾隆三十年（1765），乾隆帝
第四次南巡在清口徐家渡的情景。在黄河左岸边，
已经搭好了彩亭和牌楼，官员们或跪或立，迎候
乾隆帝的到来。

042

《乾隆帝南巡视察黄河图》之二

年代　清乾隆
绘者　（清）徐扬
收藏单位　法国尼斯市魁黑博物馆

　　此图选自《乾隆帝南巡图》第四卷。图中描
绘的是乾隆帝南巡官船在黄河上乘风破浪前行的
情景。

043

《高斌奏报河工防护平稳折》

年代　清乾隆
作者　（清）高斌
收藏单位　中国第一历史档案馆

　　高斌（1693—1755），字右文，号东轩，满洲
镶黄旗人。清乾隆的治河名臣之一。他任河道总
督期间，治理水患功绩显著，受到乾隆帝的赏识
与器重。图为乾隆四年（1739）六月初五日，时
任南河河道总督的高斌写给乾隆帝的奏折，奏报
五月下旬黄河北岸曹县一带怎样避免灾情以及黄
河、运河水势平稳运行情况。

044

《阿桂等奏黄河漫口合龙大溜全入
新河咏》册

年代　清乾隆
作者　（清）阿桂
收藏单位　故宫博物院

　　阿桂（1717—1797）是清乾隆的重臣，任领班
军机大臣大学士。他向乾隆帝奏报黄河漫口合龙、
主水流全入新河一事，受到乾隆帝赞赏。乾隆帝
不仅亲为此事题诗十二首，还命将诗文制成玉册
存于宫中。图为册盒及碧玉片。

045

《两浙海塘通志》

年代　清乾隆
作者　（清）方观承
收藏单位　北京大学图书馆

　　方观承（1698—1768），字遐谷，号问亭，安
徽桐城人。曾任浙江巡抚和直隶总督。为了治理
好两浙海塘，他写成了《两浙海塘通志》，分图说、
历代兴修、本朝建筑、工程、物料、坍涨、场灶、
职官、潮汐、祠庙、兵制、江塘、艺文等十三门
二十卷，详细叙述了江浙两省各类海塘以及乾隆
帝南巡视察海塘的情况。此图为该书乾隆十六年
（1751）刻本内页。

《浙江海塘全图》

年代　清前期
作者　佚名
收藏单位　中国第一历史档案馆

　　该图描绘了浙江海塘的全貌，以及东西南北的界限。浙江省城、海宁州、嘉兴府所属各县、宁波府所属各县、绍兴府所属各县在图中都有显示，海塘的具体地点也标示得清清楚楚。

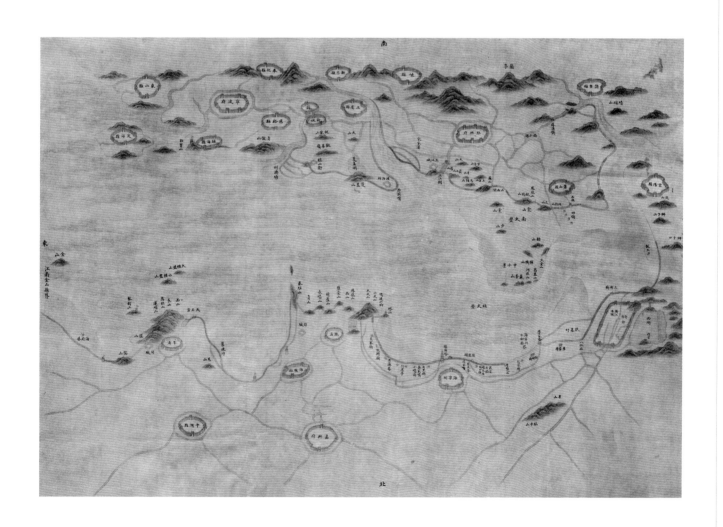

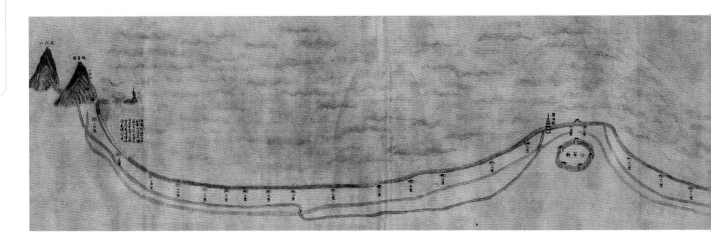

047

《浙江海塘图》

年代　清前期
收藏单位　中国第一历史档案馆

　　该图描绘了雍正十三年（1735）的浙江海塘情况，显示了浙江省城、海宁县、大六州的具体位置，以及海塘的具体地点。

048

《浙江巡抚杨廷璋奏请改建海塘涵洞工程折》

年代　清乾隆
收藏单位　中国第一历史档案馆

　　杨廷璋在乾隆二十三年（1758）四月初六日的奏折中，就怎样改建海塘涵洞节约费用以利宣泄提出了具体意见，乾隆帝朱批"如所议行"，表示认可。

如所议行

奏

乾隆二十三年四月　初六　日

聖主訓示遵行謹

伏乞

面造具估冊咨部俟工竣核實報銷是否有當

聖鑒如蒙

俞允容臣於節省引費款內動項委員實力承築一

益事關改建工程理合恭摺奏請

畝塘堤從此無冲刷之患於地方水利實有裨

三次拆修柴土之費工程即可永保無虞而田

頻頻脩築將來所省實多況核計所需尚不及

在脩費稍增但易柴為石即可永遠鞏固不致

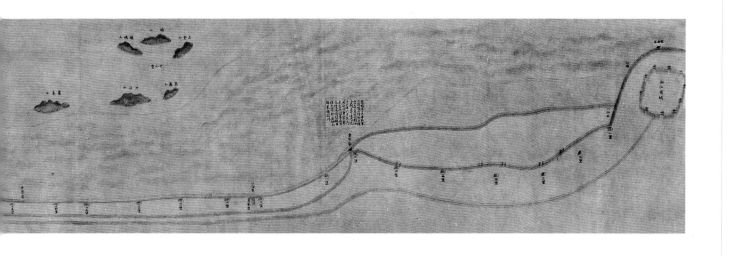

049

《乾隆起居注册·上阅海塘》

年代　清乾隆
收藏单位　中国第一历史档案馆

　　"起居注"是我国古代记录帝王的言行录。清朝"起居注册"是由起居注官逐日记录皇帝各项起居政务活动的一种日记体裁的档册。本图显示的是乾隆帝第四次南巡中于乾隆三十年（1765）闰二月初六阅视海塘的情况。

循舊典以廣深仁著將江蘓安徽江浙三省軍
無不忭舞臚歡而清理庶獄亦矜恤所宜遠用
諭旨朕時巡江浙清蹕所經恩膏疊沛軍民士庶
安內注記是日大學士傅恒奉
　　皇太后行宮請
　　上詣
初七日壬子
　　駐蹕安瀾園行宮
　　觀潮內注記是日
　　幸尖山觀音寺鎮海寺拈香
　　上閱海塘
初六日辛亥

省方问俗

育德勤民玺及玺文

年代　清康熙

收藏单位　故宫博物院

　　康熙帝一生都强调要育德勤民，尽心竭力治理国家。他把"育德勤民"四字刻入玺文，以时时警惕自己，不忘治国安邦之道。正是因为有这种认识，他才经常外出巡幸，考察民情。图为该玺外观及玺文，檀香木质，蹲龙钮。

《康熙帝南巡农耕场面图》

年代　清康熙

作者　（清）王翚

收藏单位　故宫博物院

　　该图选自《康熙帝南巡图》第十卷。康熙二十八年（1689）春，康熙帝第二次南巡到达江苏句容。图中描绘的是康熙帝南巡时，句容农民辛勤耕种的场面：在远山、树木的映衬下，水牛及农民扶犁耕地的情景清晰可见。

《康熙帝南巡江宁商业图》

年代　清康熙

作者　（清）王翚

收藏单位　故宫博物院

　　该图选自《康熙帝南巡图》第十卷。江宁（今江苏南京）当时是府治所在地，商业非常发达。康熙帝每次南巡都要到这里。图中是康熙帝南巡时江宁的商业繁华景象：商贾云集，货物充足，作坊林立，店铺首尾相接，人们熙来攘往。

053

《康熙帝南巡绍兴商业图》

年代　清康熙
作者　（清）王翚
收藏单位　故宫博物院

　　该图选自《康熙帝南巡图》第九卷。绍兴是
府治所在地，尽管地界不大，商业却非常发达，
人口稠密，百货聚集，商铺比比皆是。图中是康
熙帝南巡时绍兴府的繁荣景象。

054

《康熙帝南巡众人观戏图》

年代　清康熙

作者　（清）王翚

收藏单位　故宫博物院

　　该图选自《康熙帝南巡图》第九卷。康熙年间，江南地区文化发达，民间百戏蓬勃发展，每逢集日、庙会，总有戏剧演出，吸引了很多人观看。图中是康熙帝南巡浙江柯桥镇人们观戏时的情景。

055

《江南采桑图》

年代　清乾隆

作者　（清）董浩

收藏单位　故宫博物院

　　此图选自《万户桑麻图》。乾隆时期，南方的丝织业非常发达，尤其以乾隆帝南巡经过的苏州、杭州和江宁最具代表性。这些地方都设有织造衙门，掌管织造御用、内廷所用或官用绸缎布匹及其制品等事务。该图描绘的是乾隆帝南巡经过的江南地区农户采摘桑叶的情景。

056

《江南卖桑叶图》

年代 清乾隆
作者 （清）董棨
收藏单位 故宫博物院

　　此图选自《太平欢乐图》册。伴随着南方丝
织业的发达，杭州、嘉兴、湖州一带种植桑树的
越来越多，良地一亩可得桑叶两千斤。图中为乾
隆帝南巡经过的杭嘉湖地区，一个卖桑叶人在春
天担桑叶去集镇出卖的情景。

057

《湖州卖丝图》

年代 清乾隆
作者 （清）董棨
收藏单位 故宫博物院

　　此图选自《太平欢乐图》册。湖州丝的质
量比其他地方的要好。其中，细而白的称为"合
罗"，稍粗的称为"串五"，再粗一些的称为"肥
光"。四五月间，丝车一停，卖丝人就纷纷到集市
上卖丝。图中为乾隆帝南巡经过的湖州地区，一
个卖丝人前往集市去卖丝的情景。

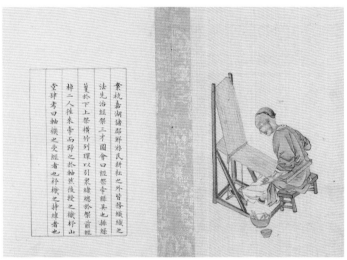

058

《松江收购棉纱图》

年代 清乾隆

作者 （清）董棨

收藏单位 故宫博物院

此图选自《太平欢乐图》册。江南的棉织业
也很发达，特别是吴兴地区的织工手艺精巧、纺
纱、织布成为家家户户的恒业。纺者一天可得纱
四五两。于是，收购棉纱的人就挨家挨户去收购。
图为乾隆帝南巡经过的松江魏塘地区，两个收购
棉纱的人前往收购的情景。

059

《江南织布图》

年代 清乾隆

作者 （清）董棨

收藏单位 故宫博物院

此图选自《太平欢乐图》册。江南棉织业的
发达，使得杭州、嘉兴、湖州一带很少有游手好
闲者。百姓在耕种土地之外，都从事纺织业。图
中为乾隆帝南巡经过的杭、嘉、湖地区，一老妇
人正在织布的情景。

060

《田乐图》轴

年代 清乾隆

作者 佚名

收藏单位 故宫博物院

乾隆帝在南巡中了解到许多民间的风俗，也
感受到了普通百姓生产、生活中的乐趣。该图描
绘的是一户农家劳动的情景，充满了亲密、祥和
的气氛。

061

《万亩登丰图》（局部）

年代　清乾隆
作者　（清）董浩
收藏单位　故宫博物院

　　乾隆帝南巡，有时返回已是五月，一些地方到了夏收时节。图中描绘的是乾隆帝南巡经过地方，农民夏收一片繁忙的景象。

062

《苏州农家小景图》

年代　清乾隆
作者　（清）徐扬
收藏单位　辽宁省博物馆

　　此图选自《姑苏繁华图》。作者徐扬世居苏州，多次陪同乾隆帝南巡。乾隆二十四年（1759），他画成了反映乾隆帝南巡时苏州"商贾辐辏、百货骈阗"市井风情的《姑苏繁华图》。此画绘成后就被乾隆帝藏于御书房中反复欣赏。图中描绘的是山前村的农家生活，担水的、养鸡的、打铁的、过桥的、休息的，各类人物栩栩如生，整个画面充满了浓郁的生活气息。

063

《苏州农田管理图》

年代　清乾隆

作者　（清）徐扬

收藏单位　辽宁省博物馆

　　此图选自《姑苏繁华图》。该图的正中是方方整整的农田，几个农夫正在辛勤耕作。图中的远处，是树木环绕的村庄。图中的近处，在翠绿的树荫下、宽敞的房屋外，一个老妇人正在纺线。该图形象地描绘了乾隆帝南巡苏州农村的景象。

064

《苏州城市商贸图》

年代　清乾隆

作者　（清）徐扬

收藏单位　辽宁省博物馆

　　此图选自《姑苏繁华图》。图中的店铺鳞次栉比，有绸缎、皮货、铁钉、海货、粮食、药材等几十种。各店家的招幌、字号非常醒目。街道上有人骑马，有人挑担，有人乘轿，一片繁忙。该图形象地描绘了乾隆帝南巡苏州城市商贸的景象。

065

《苏州乡村买卖图》

年代　清乾隆
作者　（清）徐扬
收藏单位　辽宁省博物馆

　　此图选自《姑苏繁华图》。图中描绘的是乾隆帝南巡苏州乡村买卖的情景。有的人乘轿、有的人担担，店家的招幌迎风飘扬；还有的人扛着锄钯走向田间。

066

《苏州乡村妇女生活图》

年代　清乾隆
作者　（清）徐扬
收藏单位　辽宁省博物馆

　　此图选自《姑苏繁华图》。图中描绘的是乾隆帝南巡苏州地区乡村女性充实而安逸的家居生活。在春暖花开的时节，她们有的纺线、有的打扫庭院、有的喂养家畜，其乐融融。

《乾隆帝南巡观戏场景图》

年代　清乾隆
作者　（清）徐扬
收藏单位　中国国家博物馆

　　此图选自《乾隆帝南巡图》第九卷。乾隆帝首次南巡，三月初一日到达杭州。图中描绘的是乾隆帝南巡杭州，当地百姓观戏的场景。

《乾隆帝南巡城市商贸图》

年代　清乾隆
作者　（清）徐扬
收藏单位　故宫博物院

　　此图选自《乾隆帝南巡图》第九卷。图中描绘了乾隆帝南巡杭州城内繁忙的商业活动。

《江南乡村买卖图》

年代　清乾隆
作者　佚名
收藏单位　故宫博物院

　　此图选自《风俗小品图册》。图中描绘的是乾隆帝南巡经过的江南乡村地区的商贸活动。店主人在一个简单的店铺内，看着店铺外的百姓。店铺外一个人在说话，其他人认真地听，对面房屋楼上的人也仿佛被这里的情景吸引，神情专注。

咨访吏治和稳定统治

《于成龙像》

年代　清康熙
作者　佚名
来源　《于清端政书》，康熙年间刻本
收藏单位　中国国家图书馆

　　于成龙（1617—1684），清山西永宁（今山西省吕梁市方山县）人，字北溟，号于山，谥"清端"，赠太子太保。明崇祯十二年（1639）举副员，顺治十八年（1661）由副榜贡生授罗城县知县。康熙十七年（1678）官福建按察使，十九年（1680）晋直隶巡抚，不久升任两江总督，卒于任。他执法决狱不徇情面，三次被举"卓异"，被康熙帝称为"今时清官第一"。著有《于清端政书》等。

《李之芳像》

年代　清康熙
作者　佚名
来源　《李文襄公奏疏》，康熙年间刻本
收藏单位　中国国家图书馆

　　李之芳（1622—1694），清山东武定（今山东省惠民县）人，字邺园。明崇祯十五年（1642）举人，顺治四年（1647）进士。鳌拜党除，以御史屡上封事，请肃吏治。康熙十二年（1673），任浙江总督。后耿精忠叛军三路入浙，乃力守衢州。浙乱平，安集流亡，甚有威惠。二十一年（1682），入为兵部尚书，晋文华殿大学士。二十七年（1688）休致。三十三年（1694）病逝，谥"文襄"。康熙帝称其为"勇士"，雍正帝命立贤良祠，乾隆帝命予恩骑尉，世袭。著有《平定耿逆记》，另有《李文襄公奏疏》。

072

《赵申乔像》

年代　清康熙
作者　佚名
来源　《赵恭毅公剩稿》，康熙年间刻本
收藏单位　中国国家图书馆

　　赵申乔（1644—1720），清江南武进（今属江苏省）人，字松伍、慎旃。康熙九年（1670）进士。二十年（1681），授河南商丘知县，有惠政。二十五年（1686），以贤能命以主事用。二十七年（1688），授刑部主事。四十年（1701），任浙江布政使，寻升巡抚。后调偏沅巡抚，曾疏劾地方官私征加派，以清廉善谏称于时，受到康熙帝赞赏。四十九年（1710），内召为左都御史。次年告发戴名世之《南山集》有大逆语句。五十二年（1713）迁户部尚书。五十九年（1720），以病乞休。寻卒，年七十有七，赐祭葬，谥"恭毅"。著有《赵恭毅公剩稿》。

073

《张伯行像》

年代　清康熙
作者　（清）孔继尧绘、（清）石蕴玉书、
　　　　（清）谭松坡镌
来源　《沧浪亭五百名贤像》，康熙年间刻本
收藏单位　中国国家图书馆

　　张伯行（1651—1725），清河南仪封（今兰考县）人，字孝先，号敬庵、恕斋，人称仪封先生。康熙二十四年（1685）进士。他居官清廉，康熙称赞他为"天下清官第一"。他的座右铭为："一丝一粒，我之名节；一厘一毫，民之脂膏。宽一分，民受赐不止一分；取一文，我为人不值一文。"四十六年（1707），官福建巡抚，请增乡试中额。四十八年（1709），调江苏巡抚，揭发江南科场情弊，与总督噶礼互控；康熙帝以其为天下第一清官，将噶礼革退。后官礼部尚书。雍正三年（1725）卒，谥"清恪"。著有《正谊堂文集》《困学录》等。

074

《康熙帝南巡济南免赋图》

年代　清康熙
作者　（清）王翚
收藏单位　法国巴黎吉美博物馆

　　此图选自《康熙帝南巡图》第二卷。该卷是康熙帝南巡从河北省南部到山东省济南府的情景。图中描绘的是康熙帝谕示免除当年山东省的赋税，百姓对此感激不尽，夹道相迎，叩首谢恩，并敬献花果，焚香祝福。

075

《康熙帝南巡拜祭禹陵图》

年代　清康熙
作者　（清）王翚
收藏单位　故宫博物院

　　此图选自《康熙帝南巡图》第九卷。该卷是康熙帝南巡离开杭州、渡钱塘江、过萧山县、抵达绍兴府的情景。图中描绘的是康熙帝在绍兴拜祭大禹陵时、在大禹庙前接见地方官员和士绅的情景。

杭州灵隐寺御笔匾额

来源　故宫博物院林欢

　　灵隐寺位于杭州西湖西北灵隐山麓，是中国佛教禅宗十刹之一。康熙帝南巡来到寺中，看到古木葱郁，泉水淙淙，环境清幽，非常高兴，亲自为灵隐寺题写"云林禅寺"匾额。此举有利于笼络江南宗教界人士。

明孝陵"治隆唐宋"碑

来源　故宫博物院林欢

　　明孝陵位于江宁（今南京）钟山南麓独龙埠玩珠峰下，是明朝开国皇帝朱元璋及马皇后的陵墓。康熙帝南巡到达江宁，都要去祭奠明孝陵。图中的"治隆唐宋"碑，是康熙帝第二次南巡至此书写的，命曹寅等官员勒碑刻石，立于孝陵明堂之上。康熙帝此举，明显是为笼络江南民心、缓和满、汉之间的民族矛盾，争取汉族地主阶级和士大夫的支持。

078

《康熙帝南巡江南贡院图》

年代　清康熙

作者　（清）王翚

收藏单位　故宫博物院

　　此图选自《康熙帝南巡图》第十卷。该卷是康熙帝南巡从浙江北返过江苏句容至江宁府（今南京）的情景。图中描绘了位于江宁秦淮河前、与文庙相邻的江南贡院中，供应试者入考的号房鳞次栉比的景象，说明了当时希望通过考试来求名逐利的儒生数量众多，反映了康熙帝对读书人的政策已见成效。

079

杭州文澜阁

来源　故宫博物院林欢

　　文澜阁位于杭州西湖孤山南麓，建于乾隆四十七年（1782），系杭州圣因寺后的玉兰堂改建而成，人称"东南瑰宝"。文澜阁仿宁波天一阁形式，为结构六开间楼房，外观二层，中实三层。顶层通作一间，取"天一生水"之意；底层六间，取"地六成之"之义。屋面重檐，背山轩立。阁前凿水池，中有克石耸立，名仙人峰。再前有御座房，有狮虎群假山一座，上建月台、趣亭，遥遥相对。假山中洞壑，可穿越、可登临，玲珑奇巧。阁东南侧有碑亭，上刻乾隆帝题诗及颁发《四库全书》的上谕。图为文澜阁远景。

《乾隆帝南巡拜谒禹陵图》

年代　清乾隆
作者　（清）徐扬
收藏单位　故宫博物院

　　此图选自《乾隆帝南巡图》第九卷。该卷内容是乾隆帝初次南巡至浙江绍兴拜谒大禹陵。图中描绘了乾隆帝拜谒大禹陵的情景，场面浩大，人物众多，江南风光尽收眼底。

《康熙帝南巡江宁阅武图》

年代　清康熙
作者　（清）王翚
收藏单位　故宫博物院

　　此图选自《康熙帝南巡图》第十卷。该卷是康熙帝南巡从江苏句容回銮，返抵江宁府（今南京）的情景。图中描绘的是康熙帝端坐在江宁校场看台上，观看驻防士兵演习、比武的场面。

082

《乾隆帝南巡江宁阅武图》

年代　清乾隆
作者　徐扬
收藏单位　中国国家博物馆

　　此图选自《乾隆帝南巡图》第十卷。该卷是
乾隆帝南巡到达江宁的情景。图中描绘的是乾隆
帝在江宁阅兵的场面。

083

《藤牌阵站队图》

来源　（清）高晋：《南巡盛典》，乾隆三十六年（1771）
　　　武英殿刻本

　　康熙帝、乾隆帝南巡，都要在江宁、京口、
杭州等地阅兵，试图通过阅兵来炫耀武力，震慑
江南的反清势力，以稳固自己的统治。该图为清
帝南巡阅武时的藤牌兵操练图，选自《南巡盛典》
第九十七卷。

五

乐山乐水

084

《康熙帝南巡镇江金山寺图》

年代　清康熙
作者　（清）王翚
收藏单位　故宫博物院

　　此图选自《康熙帝南巡图》第九卷。康熙
帝每次南巡都要到金山寺。该图显示的是康熙
四十二年（1703）康熙帝南巡、江中的金山寺若
隐若现的奇幻景色。

(085)

镇江金山寺

来源 故宫博物院林欢

金山寺，又名江天禅寺，位于江苏镇江西北部的金山之上。始建于东晋，原名泽心寺，自唐代起，称为金山寺。清康熙帝南巡时赐名江天禅寺。整个寺庙结构复杂，重重殿宇依山而建，串通一气，与金山浑然一体。金山寺的建筑格局，打破了中国多数寺庙坐北朝南、寺分三路的建筑传统。它依山就势，大门西开，正对长江，寺内所有殿堂楼阁皆散布其上，主要有大雄宝殿、天王殿、迦兰殿、祖师殿、画藏楼、镇江楼、观澜堂、永安堂、海岳楼等。最引人注目的是立于金山之巅的慈寿塔。

(086)

康熙帝题字"江天一览"碑

年代 清康熙
作者 （清）玄烨
收藏单位 镇江金山寺

该图石碑中的"江天一览"四字，是康熙帝南巡至金山寺时的御笔。

(087)

杭州放鹤亭

来源 故宫博物院林欢

在杭州孤山北麓，有放鹤亭，是元人为纪念北宋隐逸诗人林和靖所建。林氏居孤山二十年，在此种梅养鹤，有"梅妻鹤子"之誉。亭外广种梅花，是游览胜地。康熙帝南巡到此，流连忘返，乃临写南朝宋鲍照撰文、明代董其昌书写的《舞鹤赋》，并刻石置于亭中留念。

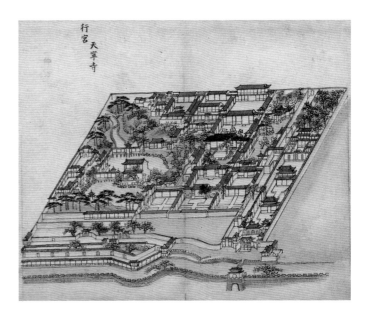

088

《天宁寺图》

年代　清前期
作者　佚名
收藏单位　中国国家图书馆

　　此图选自《清高宗南巡名胜图》。天宁寺始建于唐永徽年间，初名光福寺，北宋政和元年（1111）改为今名。乾隆帝六下江南，曾三次到天宁寺拈香顶礼，并亲笔题写了"龙城象教"匾额和"合相正三摩，光融西竺；众音超万有，界现南兰"的楹联。

089

《平山堂图》

年代　清前期
作者　佚名
收藏单位　中国国家图书馆

　　此图选自《清高宗南巡名胜图》。平山堂位于扬州市西北郊蜀冈中峰大明寺内，始建于宋仁宗庆历八年（1048）。时任扬州太守的欧阳修，极赏这里的清幽古朴，于此筑堂。坐此堂上，江南诸山，历历在目，似与堂平，平山堂因而得名。平山堂是专供士大夫、文人吟诗作赋的场所。康熙帝、乾隆帝南巡，都曾到这里浏览。

090

《甘露寺图》

年代　清乾隆
作者　佚名
收藏单位　中国国家图书馆

　　此图选自《江南省行宫坐落并名胜图》。镇江甘露寺坐落于长江之滨的北固山，因为有三国时期孙刘联姻的故事而闻名，历史上许多文人墨客在此流连忘返。乾隆帝南巡，到这里观赏、写诗。

皇上亲洒宸翰适摩勒上石
宸翰逼摩勒上石二十二年恭逢
置山上乾隆二十
有飞舄铭以蔡稍
图二楼阁开亭之
说传为吕洞宾所
古免篆蒙迷盖
国不能辉迷行中
仙顾三诏洞诸奇
金山刘光辉峙上有焦
佳光隐此故有焦
九里大江中以汉
在镇江府城北
焦山

091

《焦山图》

年代　清乾隆

作者　佚名

收藏单位　中国国家图书馆

　　此图选自《江南省行宫坐落并名胜图》。焦山系"镇江三山"（另两个是金山和北固山）名胜之一，因东汉焦光隐居山中而得名，一向以山水天成、古朴幽雅闻名于世。其碧波环抱，林木葱郁，绿草如茵，满山苍翠，宛然碧玉浮江。乾隆帝南巡曾到这里观赏美景。

惠泉山图

092

《惠泉山图》

年代　清前期

作者　佚名

收藏单位　中国国家图书馆

　　此图选自《清高宗南巡名胜图》。惠泉山坐落于江苏无锡，在运河西侧，又临近太湖，环境优美。乾隆帝南巡，曾到这里观赏。

锡山图

093

《锡山图》

年代　清前期

作者　佚名

收藏单位　中国国家图书馆

　　此图选自《清高宗南巡名胜图》。锡山位于无锡市东北，南临太湖，北通长江。汉朝初年锡竭，因此地称无锡。有古谚说："无锡锡山山无锡。"锡山山顶建有龙光塔和龙光寺，山腰有晴云亭、观澜亭、石浪庵、百花坞等，山底建有龙光洞。山不大也不高，但景点云集，令人赏心悦目。乾隆帝南巡，曾到这里驻跸观赏。

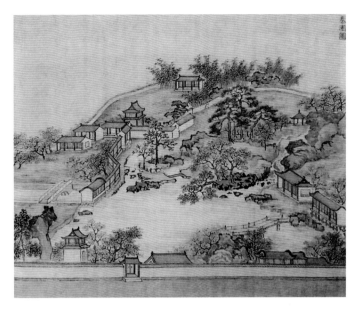

094

《秦园图》

年代 清前期
作者 佚名
收藏单位 中国国家图书馆

　　此图选自《清高宗南巡名胜图》。秦园坐落在无锡惠山东麓，毗邻惠山寺。园址原为惠山寺僧舍，明嘉靖初年，曾任南京兵部尚书秦金（号凤山）得之，辟为园，名"凤谷山庄"，后人改称寄畅园。康熙帝、乾隆帝南巡，每次都必游此处，留下了许多诗章和匾联。

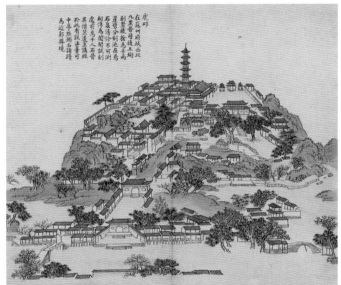

095

《虎丘山图》

年代 清乾隆
作者 佚名
收藏单位 中国国家图书馆

　　此图选自《江南省行宫坐落并名胜图》。虎丘，原名海涌山，据《史记》载吴王阖闾葬于此，传说葬后三日有"白虎蹲其上"，故名。这里绝岩耸壑，气象万千，并有三绝九宜十八景之胜。最为著名的是云岩寺塔和剑池。高耸入云的云岩寺塔古朴雄奇，剑池幽奇神秘，风壑云泉，令人流连忘返。康熙帝、乾隆帝南巡，每次都必游这里。

096

《灵岩山图》

年代 清乾隆
作者 佚名
收藏单位 中国国家图书馆

　　此图选自《江南省行宫坐落并名胜图》。灵岩山位于苏州西南的木渎。这里巨岩嵯峨、怪石嶙峋、物象宛然，得于仿佛。旧有"十二奇石"或"十八奇石"之说。因为灵岩塔前有一块"灵芝石"十分著名，因此得名"灵岩山"。又因为山石颜色深紫，可以制砚，又称砚石山。山南峭壁如城，相传吴王曾在山上筑有石头城，故又名石城山。康熙帝、乾隆帝南巡，都在此驻跸。

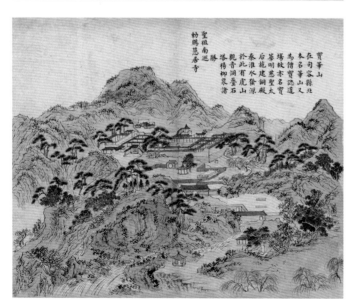

097

《邓尉山图》

年代　清乾隆

作者　佚名

收藏单位　中国国家图书馆

　　此图选自《江南省行宫坐落并名胜图》。邓尉山位于苏州西南，相传东汉太尉邓尉隐居于此而得名。邓尉是我国四大赏梅胜地之一，有"邓尉梅花甲天下"之称。梅花开时，漫山遍野，繁花似雪，微风吹过，暗香浮动，香闻数里。康熙帝、乾隆帝南巡，都曾到此观赏梅景。

098

《千尺雪图》

年代　清乾隆

作者　佚名

收藏单位　中国国家图书馆

　　此图选自《江南省行宫坐落并名胜图》。乾隆十六年（1751），乾隆帝南巡，见苏州寒山范氏山园中千尺雪的瀑布，动静皆宜，怦然心动。后于京城西苑、蓟县盘山静寄山庄和承德避暑山庄同时仿建，同名"千尺雪"。它是将山溪引至山前，利用落差，造出"悬流喷瀑"，"寒光四射、洒然晴昼玉花"效果，此景是以瀑布取名，以声取景、听景的典型杰作。

099

《宝华山图》

年代　清乾隆

作者　佚名

收藏单位　中国国家图书馆

　　此图选自《江南省行宫坐落并名胜图》。宝华山位于江苏省句容西北，与江宁接壤，原名花山，因春天黄花漫山而得名，后因南朝梁代高僧宝志来此结庵讲经，遂易名宝华山。宝华山素有"林麓之美，峰峦之秀，洞壑之深，烟霞之胜"四大奇景。乾隆帝南巡，曾在此驻跸。

100

《鸡鸣山图》

年代　清乾隆
作者　佚名
收藏单位　中国国家图书馆

　　此图选自《江南省行宫坐落并名胜图》。鸡鸣山在江宁府城东北，因形象旧名鸡笼。前俯省城，后毗玄武湖。康熙帝曾御题"旷觐"二字，勒石山上。

101

《鸡鸣寺北极阁图》

年代　清前期
作者　佚名
收藏单位　中国国家图书馆

　　此图选自《清高宗南巡名胜图》。鸡鸣寺位于江宁鸡笼山东麓山阜上，始建于西晋，有"南朝第一寺""南朝四百八十寺"之首寺的美誉。北极阁位于江宁鼓楼东面，北依台城、玄武湖，南朝为皇家苑囿之一。南朝宋时，在山顶上建立了第一个日观台。明洪武十八年（1385），在此又建观象台，上设铜铸的浑天仪、简仪、圭表等天文仪器。清朝建"万寿阁""御碑亭"于其上。因亭阁位于明代"万真武庙"后上方，故称北极阁。康熙帝、乾隆帝南巡，曾在此观赏。

102

《清凉山图》

年代　清乾隆
作者　佚名
收藏单位　中国国家图书馆

　　此图选自《江南省行宫坐落并名胜图》。清凉山古名石头山、石首山，踞于江宁府城西隅，以建有清凉寺得名。这里名胜古迹随处可寻，除清凉寺外，还有崇正书院、扫叶楼、驻马坡、翠薇园等。康熙帝、乾隆帝南巡在此游览，留下许多诗篇。

103

《报恩寺雨花台图》

年代 清乾隆
作者 佚名
收藏单位 中国国家图书馆

此图选自《江南省行宫坐落并名胜图》。报恩寺、雨花台均在江宁府城。报恩寺原址有建于三国时期东吴赤乌三年（240）的长干寺及阿育王塔，史称"江南佛寺之始"。报恩寺琉璃宝塔被称为"天下第一塔"。雨花台则是江南登高览胜佳地，有"雨花说法"和"木末风高"等著名景点。康熙帝、乾隆帝南巡在此游览，写有多首诗篇。

104

《后湖图》

年代 清乾隆
作者 佚名
收藏单位 中国国家图书馆

此图选自《江南省行宫坐落并名胜图》。后湖亦名玄武湖、练湖，位于江宁府城中，自东晋以来为胜地，有九华朝晖、鸡鸣春晓、台城春深、西堤秋月、侣园馨风、古塔斜阳、五洲烟柳、秀水荷香、月湖笙歌、古城观雪等著名十景。康熙帝、乾隆帝南巡，曾在这里观赏美景。

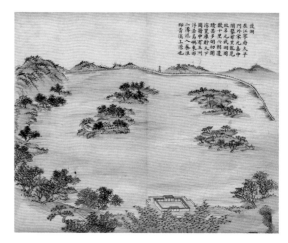

105

《支硎山图》

年代 清前期
作者 佚名
收藏单位 中国国家图书馆

此图选自《清高宗南巡名胜图》。支硎山亦名楞伽山，为吴中佛教名山，起自东晋开山祖师支遁。上有天然平广之石，泉流其上，清澈可爱；又有松林茂密，景象幽邃；还有著名寺院中峰寺、南峰寺、北峰寺、观音寺。站在山头极目远望：香风袭袂，游丝横陌，树树争艳，花花献笑；披襟骋目，人意融融，活脱脱一幅江南春景图。康熙帝、乾隆帝南巡，都曾在这里留下足迹。

106

《趣园图》

年代 清乾隆
作者 （清）张望
收藏单位 中国国家图书馆

此图选自《江南省行宫坐落并名胜图》。扬州趣园原是盐商的私家园林，主要景点是四桥烟雨。南有虹桥，北望长春桥，西为春波桥，再西可眺望莲花桥。四桥形态殊异，色调各别。每当朝烟暮霭之际，烟水空蒙，四桥如彩虹出没其间，极水云缥缈之趣。乾隆帝南巡，多次在此驻跸，并在乾隆二十七年（1762），御书赐名"趣园"。

《西湖十景图》

年代　清乾隆
作者　（清）董邦达
收藏单位　台北"故宫博物院"

　　图中描绘的是西湖的山光水色，自西湖东岸望向西岸的景致，包括东北方的昭庆寺、钱塘门，以及西南方的山景、西湖的水面。该图是董邦达（1699—1769）在乾隆十五年（1750）所画，属于乾隆帝南巡准备工作之一。

康熙帝《行书五言诗》轴

年代　清康熙
作者　（清）玄烨
收藏单位　河北省博物馆

　　康熙帝南巡，所到之处写了不少诗文，以表达自己喜悦的心情。图中的这首诗，就是他到达杭州时所作的。

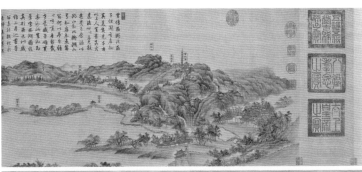

北　狩　篇

　　清代皇帝的北狩，指的是巡幸塞外，到木兰围场狩猎；因此，北狩与木兰围场的设立有密切关系。满族贵族入据中原之后，对蒙古族王公"从龙入关"的功绩念念不忘，于是便北巡至塞外，进一步巩固他们之间政治上的同盟，这是新形势下清朝统治者抚绥蒙古王公的一种形式。康熙二十年（1681）四月，康熙帝第二次北巡过程中，以喀喇沁、敖汉、翁牛特等蒙古王公敬献牧场的名义，设置了木兰围场。满语谓哨鹿曰木兰，围场为哨鹿所在，故此得名。

　　北狩和清朝统治者发扬肆武习劳的传统习俗也密切相关。行围肆武，原本就是满族旧有的习俗；所以，康熙帝非常强调通过行围狩猎训练军队。木兰围场的设立，正好给八旗军提供了一个大规模训练的场所。

　　北狩还是围班制度的重要内容。原来，在顺治五年（1648），清朝制定了年班制度，规定蒙古王公准于年节来京，觐见皇帝，瞻仰圣颜。顺治六年（1649），又具体规定：年班来朝的蒙古王公，每年定于十二月十五日之后、二十五日之前到齐。后来，蒙古族以外的西北地区其他少数民族上层人士也要年节来京。由于年班来朝的少数民族王公贵族人数越来越多，清政府开始实行分班轮换，有的两年一次来京，有的三年一次来京；再后来，更规定有四年、五年，甚至六年一次来京的。由于有的少数民族王公因为没有出痘（天花），在天气酷热、京城痘疹盛行时，不能来京；所以，在木兰围场设置后，他们就去木兰围场参加行围狩猎，在那里觐见皇帝，这就产生了围班制度。围班的班次和年班相对应，凡年班不能来京城的，就参加围班，到木兰围场去。这样，木兰围场便成为清朝皇帝抚绥蒙古族等少数民族王公贵族最好的场所。

清代皇帝到木兰围场狩猎时，一定要去避暑山庄驻跸；所以，避暑山庄的修建和清帝北狩也有密切关系。避暑山庄也称热河行宫、承德离宫，本是众多北巡御道上行宫中的一个，从康熙四十二年（1703）开始修建，至乾隆四十七年（1782）基本建成，逐渐成为清朝的第二政治中心。康熙帝、乾隆帝的许多重大政治活动，特别是涉及少数民族事务的活动，大多在这里举行。在避暑山庄东面和北面的山麓，分布着宏伟壮观的寺庙群，这就是外八庙；它们是当时清政府为了团结蒙古、新疆、西藏等地区的上层人士，利用宗教作为笼络手段而修建的。

木兰围场设立后，康熙帝、乾隆帝、嘉庆帝多次北狩。道光四年（1824）正月，道光帝命停止木兰秋狝。木兰秋狝的衰落，从一个侧面反映了清朝由盛到衰的过程。

109

《钦定热河志》

年代　清乾隆
编纂者　（清）和珅等
收藏单位　故宫博物院

《钦定热河志》，乾隆四十六年（1781）奉敕撰。分天章、巡典、徕远、行宫、围场、疆域、建置沿革、晷度、水、山、学校、藩卫、寺庙、文秩、兵防、职官题名、宦迹、人物、食货、物产、古迹、故事、外纪、艺文等二十四门，一百二十卷。《热河志》修书历时二十六年，乾隆帝亲自作序，由设在紫禁城武英殿的皇家出版机构排印出版。此书是由乾隆帝亲自审定的，故名为《钦定热河志》。书中记述了许多清帝北狩的情况。该图为清乾隆内府刻本《钦定热河志》一书书影。

《巡行纪程诗画册》序

年代　清前期
作者　（清）蒋溥
收藏单位　故宫博物院

　　该序叙述了作者在乾隆十二年（1747）扈从乾隆帝及皇太后北巡过程中，创作《巡行纪程诗画册》的情况。

《皇帝驻跸御幄图》

来源　（清）托津等《钦定大清会典图》，嘉庆二十三年（1818）刻本
收藏单位　故宫博物院

　　清帝北狩经过内蒙古牧区时，多居住帐篷，也称"行幄"，晚间露宿时搭建，早晨起来后拆撤。该图正中是康熙帝的御幄，后有帐殿，庭左右各设圆幄一，更后为圆幄六，东设佛堂，余为尚乘轿、御药房、鸟枪处及执事太监等帐。周围是黄幔城，门南向，内树黄布屏。此图选自托津等《钦定大清会典图》第六十二卷。

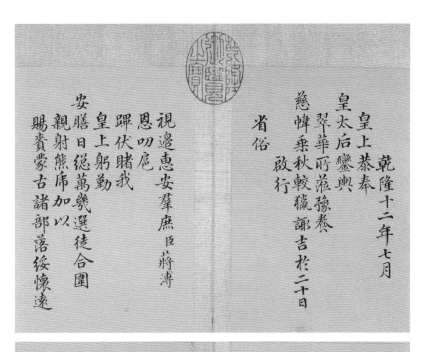

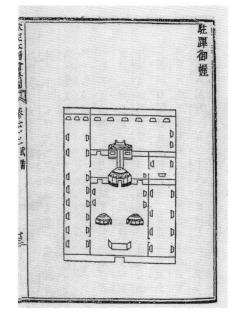

御溝墙外水雙懸明　帳殿晨開旭景饒　好是　石槽秋氣送炎歊　鏡夾紅橋
右石槽

龍　雲一縷銀漢跨飛　重嶺識蓬業寔深　清水河邊碧樹　飛花山上白雲封
右尧亭

御氣度新阡　遠天霜鑣齊獻瑞　澗清飛鞚晴霧媚　外紅葉晚山前宿　北斗懸黄雲寒堞　古戍三陡重孤城
右密云

112

《南石槽行宫图》

年代　清前期
作者　（清）蒋溥
收藏单位　故宫博物院

　　南石槽行宫位于怀柔县城南门外，建于康熙四十九年（1710），康熙五十三年（1714）增建，由一门三宫组成，有房屋约五百间。这里水波涟漪，秋风送爽，一派明媚风光。康熙帝、乾隆帝北狩，多次在此驻跸。乾隆帝写有《南石槽行宫晚作》诗。此图选自蒋溥《巡行纪程诗画册》。

113

《尧亭行宫图》

年代　清前期
作者　（清）蒋溥
收藏单位　故宫博物院

　　尧亭，又作遥亭、要亭，其行宫位于密云城北70里，原石匣城北遥亭庄，建于康熙二十二年（1683），康熙四十八年（1709）增建。这里粉红色的杏花漫山遍野，清澈的河水从行宫旁流过，加上白云、绿树，风景如画。康熙帝御题殿额"周赏远豁"。乾隆帝写有《尧亭行宫晚作》诗。此图选自蒋溥《巡行纪程诗画册》。

114

《密云行宫图》

年代　清前期
作者　（清）蒋溥
收藏单位　故宫博物院

　　密云行宫位于县城东门外，又称刘家庄行宫，建于康熙二十一年（1682），康熙四十八年（1709）增建。行宫墙外红叶满山坡，景色迷人。康熙帝御题殿额"远翠云林"。乾隆帝写有《密云行宫晚作》诗。此图选自蒋溥《巡行纪程诗画册》。

115

《南天门行宫图》

年代　清前期

作者　（清）蒋溥

收藏单位　故宫博物院

　　南天门行宫位于古北口内，是关内行宫的最后一座，建于康熙四十三年（1704）。这里风景优美，令人赏心悦目。康熙帝御书大殿匾额"横翠"。乾隆帝写有《南天门》诗。此图选自蒋溥《巡行纪程诗画册》。

116

《巴克什营行宫图》

来源　《钦定热河志》，清乾隆内府刻本

　　巴克什营行宫，在古北口东北约 10 里，康熙四十九年（1710）建。"巴克什"是满语，译成汉语是"师傅"之意。清朝初年，朝廷曾派十六个大臣、八个巴克什住在此负责办理登记粮食的收集事宜，后来这里便有了居民。行宫门内有松树八棵，取名罗汉松。大殿前有两棵槟子树，金秋时节，果实累累，清香袭人，另有一派风光。宫门前面有一石桥，桥下蜿蜒清澈的小河向西流去，注入潮河。站在宫门的高台上，远望南山上的猎场，只见麋鹿成群，悠闲自在，别有风光。康熙帝北巡，多次在这里驻跸。该图选自《钦定热河志》第四十四卷。

117

《两间房行宫图》

年代　清前期

作者　（清）蒋溥

收藏单位　故宫博物院

　　两间房行宫，位于今滦平县两间房乡。康熙四十一年（1702）建，康熙四十二年（1703）九月竣工。由宫殿区和苑景区两部分组成，中间有墙隔开。宫殿区建有亭、台、楼、阁，中有回廊相连。苑景区的树林中麋鹿成群，百鸟争鸣，湖水碧波粼粼。乾隆帝写有《两间房行宫即景》诗，其中"树荫深处觉微凉，脱去单衣换夹裳"句，极为晓畅亲切。该图选自蒋溥《巡行纪程诗画册》。

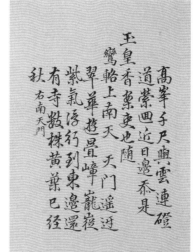

118

《常山峪行宫图》

年代 清前期

作者 （清）蒋溥

收藏单位 故宫博物院

　　常山峪行宫，康熙五十九年（1720）建，位于两间房行宫东北 30 里处，由宫殿区和苑景区两部分组成。宫门两侧有十八棵罗汉松，南山最高处建有四柱亭，亭周围有假山、碑刻。北坡山根有甘泉一眼，泉水淙淙不断。行宫内有八个地方被康熙帝誉为景点，分别是蔚藻堂、青云梯、虚白轩、如是堂、翠风堞、绿樾径、枫秀阪、陵霞亭。乾隆帝写有《常山峪行宫》诗多首。该图选自蒋溥《巡行纪程诗画册》。

119

《王家营行宫图》

来源 《钦定热河志》，清乾隆内府刻本

　　王家营行宫，康熙四十三年（1704）建，位于常山峪行宫东北 40 里处。宫前有清溪，宫后倚青山，峰峦叠翠，山环水绕。行宫分东、西、中三座院落。整个宫殿区以回廊连接，布局严谨。前照山数峰连峙，奇石天成，松柞树满山；后靠山灌木丛生。康熙帝岁行塞外，自康熙四十三年至六十一年（1704—1722），往返在此住过二十一次。该图选自《钦定热河志》第四十四卷。

120

《喀喇和屯行宫图》

年代 清前期

作者 （清）蒋溥

收藏单位 故宫博物院

　　喀喇和屯行宫在避暑山庄西南 35 里，建于康熙四十三年（1704）。该行宫素有滦阳别墅、小金山之称，周围二十多里。"喀喇"为蒙语，是旧或黑的意思；"和屯"意为城，喀喇和屯汉译即为旧城或黑城。这里川谷宽敞，气候温和，土地肥沃，宜于耕牧。行宫分宫殿区、苑景区两大部分。宫殿区有东、西、中三宫。三宫的后院小花园中假山错落嶙峋，松柏苍翠，芳草如茵。在宫殿区的西、北两侧是广阔的苑景区，地势辽阔，滦河从中缓缓流过。苑景区的西边是滦阳别墅，建筑在两个山包之间的坡台上，是园中之园，有假山、石峰、奇花、异草，分布自然，极有情趣。在喀喇和屯行宫周围还有十八座寺庙，与行宫相互掩映，别具特色。康熙帝曾为行宫御题楹联，乾隆帝写有多首《喀喇和屯行宫》诗。该图选自蒋溥《巡行纪程诗画册》。

《穹览寺图》

来源　《钦定热河志》，清乾隆内府刻本

　　康熙四十二年（1703），康熙帝在喀喇和屯行宫度过他五十岁生日。随侍们为给康熙帝祝寿，又修建了一座寺庙，康熙四十三年（1704）八月中秋落成，康熙帝赐书"穹览"。穹览寺位于喀喇和屯行宫东南岗阜之上，坐北朝南，建庙后香火极盛。穹览寺主殿供分别以狮、象、犼为坐骑的三大士像，后殿供三世佛。康熙帝写有《穹览寺碑文》。康熙帝、乾隆帝都写有多首《穹览寺》诗。该图选自《钦定热河志》第八十卷。

《穹览寺碑文》拓片

年代　清康熙
收藏单位　承德避暑山庄博物馆

　　康熙帝御制《穹览寺碑文》，记述了喀喇和屯行宫以及穹览寺兴建的缘由，表达了他治国安邦、爱文尚武、安天下、子万民、先忧后乐的思想。该碑文体为行书。

钓鱼台行宫

黄土坎行宫

123

《热河行宫图》

年代　清前期
作者　（清）蒋溥
收藏单位　故宫博物院

　　热河行宫即著名的避暑山庄，是清代最大的行宫，也是清朝的第二政治中心。此图选自蒋溥《巡行纪程诗画册》。

124

《钓鱼台行宫图》

来源　《钦定热河志》，清乾隆内府刻本

　　钓鱼台行宫，位于热河行宫北13里处，建于乾隆七年（1742）。宫门南向，殿东向。宫内北面连脊殿十楹，西有四柱亭，构思巧妙，小巧玲珑。乾隆帝北巡多次在此停留。该行宫毁于嘉庆年间水灾。该图选自《钦定热河志》第四十四卷。

125

《黄土坎行宫图》

来源　《钦定热河志》，清乾隆内府刻本

　　黄土坎行宫，南距热河行宫40里，康熙五十六年（1717）建。行宫宫殿临水向阳，地势开阔。宫墙外植有方形松柏林带，四周围绕，使行宫掩映在绿荫之中。康熙帝、乾隆帝北巡都曾在此驻跸。该图选自《钦定热河志》第四十四卷。

《中关行宫图》

年代 清前期
作者 （清）蒋溥
收藏单位 故宫博物院

　　中关行宫在热河行宫北约60里，康熙五十一年（1712）建。依山面水，分宫殿区和苑景区两部分。宫殿区有东、西、中三院，殿、台、楼、阁彼此相连。苑景区内地面上绿草一片，野花争妍斗艳，麋鹿在草地上自由地群聚漫游，百鸟在树林中欢快地歌唱。康熙帝为前殿额御题"松间明月"，后殿额为"云林蔚秀"。该图选自《巡行纪程诗画册》。

《什巴尔台行宫图》

来源 《钦定热河志》，清乾隆内府刻本

　　什巴尔台行宫南距中关行宫约40里，康熙五十九年（1720）建。周围环绕着虎皮石墙。东北部山区占绝大部分。山上古松、老榆成林，上有凉亭，极目四眺，清溪远岫、旷望高深、塞田万顷，秋稼盈畴，可以见丰收景象。行宫的宫殿区在西南宫墙外，东、西、中三院并排，各有独立宫墙环卫，互不连接。该图选自《钦定热河志》第四十四卷。

《波罗河屯行宫图》

年代 清前期
作者 （清）蒋溥
收藏单位 故宫博物院

　　波罗河屯行宫在什巴尔台行宫北约20里，康熙四十二年（1703）建。波罗河屯为蒙语，汉译为青城或旧城。波罗河屯又称皇姑屯。皇姑即康熙帝的亲姑，名阿图，其母即孝庄文皇后。阿图下嫁巴林辅国公色布腾，顺治五年（1648），顺治帝把这一带赏给她作为胭脂地，于是往来行走停留于此，故此得名。行宫位于伊逊河东岸，历来都是水陆交通的枢纽和重要的渡口。这里风景美丽，有著名的土城风雨、宫树晚烟、西山塔影、南陌柳荫、笔峰耸翠、伊水拖兰、循坊晓月、古寺清钟八大景观。波罗河屯周围有虎皮石墙环绕，行宫里面分左、中、右三个庭院，每院都有殿、台、楼、阁等建筑物，整体看上去宛如一幅色彩鲜艳的风景画。乾隆帝写有《波罗河屯行宫即景》诗，其中"一株松树满庭荫，可识离宫岁月深"句，令人难忘。该图选自蒋溥《巡行纪程诗画册》。

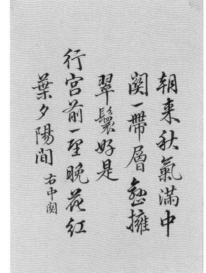

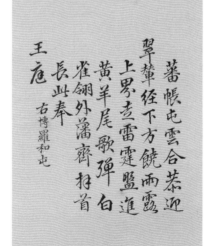

129

《张三营行宫图》

年代　清前期

作者　（清）蒋溥

收藏单位　故宫博物院

　　张三营行宫，原名百家子行宫，位于今隆化县张三营镇，在波罗河屯行宫北62里，康熙四十二年（1703）建。这一带山峦环绕、草木茂盛，气象万千。该行宫建筑在一片开阔地带，一面背山，三面临水，周围环绕着虎皮石墙，青砖白灰饰顶。行宫内有大殿、后殿，以及东西跨院。东跨院种果树，西跨院种花草，宫殿后面种罗汉松。行宫围墙的外面种垂柳、杨树。每当秋风吹起的时候，张三营行宫到处是绿、红、黄的颜色，非常艳丽。乾隆帝写有《张三营行宫即事》诗，描写这里的美景。此图选自蒋溥《巡行纪程诗画册》。

130

《济尔哈朗图行宫图》

来源　《钦定热河志》，清乾隆内府刻本

　　济尔哈朗图行宫在波罗河屯行宫西北58里处，乾隆二十四年（1759）建。济尔哈朗图为蒙语，汉译为安乐所。行宫所在地是一片开阔的河谷地带，树木葱茏，绿野流芳。行宫南向，依山面水，四周环绕石墙。行宫内建有前后殿，以及假山、花园，富有山寨情趣。乾隆帝写有多首《济尔哈朗图行宫作》诗，抒发自己的情怀。此图选自《钦定热河志》第四十四卷。

131

《阿穆呼朗图行宫图》

来源　《钦定热河志》，清乾隆内府刻本

　　阿穆呼朗图行宫在济尔哈朗图行宫北43里处，乾隆二十七年（1762）建。阿穆呼朗图是蒙语，汉译为康宁所。行宫建在南面山坡上，四周有虎皮石墙围绕。行宫分为宫殿区和苑景区两部分。宫殿区的前后殿均由回廊连接成小院，且全部为前出廊后抱厦，悬山卷棚，布纹筒瓦覆顶。后殿周围假山峻峭，奇石峥嵘。东侧土山危崖嶙峋，错落有致，有六角飞檐凉亭和石砌登道。在苑景区，成群的麋鹿遨游嬉戏，自由觅食。登上凉亭眺望，塞外风光尽收眼底，令人心旷神怡。乾隆帝写有多首《阿穆呼朗图行宫作》诗，表达对这里景色的赞赏。此图选自《钦定热河志》第四十四卷。

二

木兰秋狝

132

《木兰围场全图》

来源 《钦定热河志》，清乾隆内府刻本

　　木兰围场东北为翁牛特界，东及东南为喀喇沁界，北为克什克腾界，西北为察哈尔正蓝旗界，西及西南为察哈尔正蓝、镶白二旗界。围场四面立界，名"柳条边"。自波罗河屯入围场有二道，东道由崖口入，西道由济尔哈朗图入。从该图中可以看到营房、卡伦及各小围场的分布情况。此图选自《钦定热河志》第二十五卷。

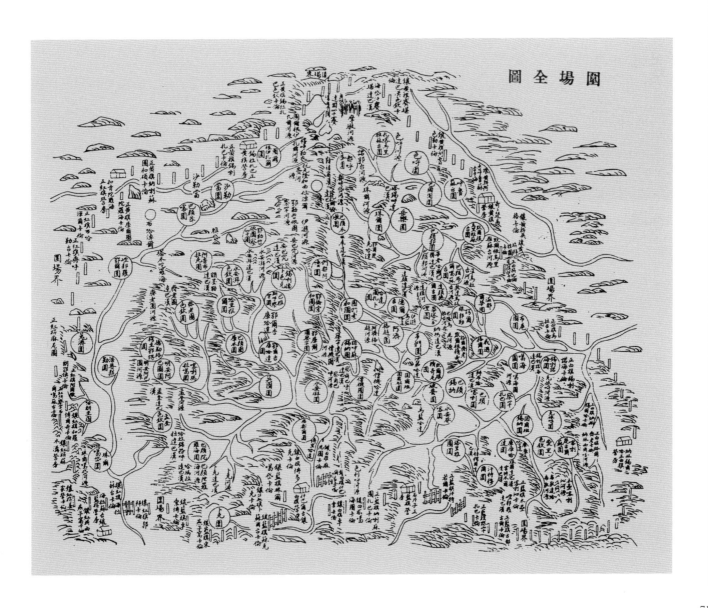

133

《木兰秋景图》

年代　清乾隆
作者　（清）李世倬
收藏单位　故宫博物院

李世倬（？—1770），字天章、汉章，号清在居士等，三韩（今内蒙古喀喇沁旗）人，一作奉天（今辽宁沈阳）人。曾任通政司右通政。善画山水、花鸟和人物。

134

《木兰秋狝图》

年代　清中期
作者　（清）兴隆阿
收藏单位　避暑山庄博物馆

木兰秋狝有哨鹿和围猎之分。围猎规模浩大，宛如一场大规模的军事训练，行军、布阵、号令各方面都有严格的规定，期限一般是二十天。届时在皇帝的指挥下，随围将士刀剑出鞘、枪矢齐发，与围中的野兽搏杀，仿佛一场短兵相接的战斗。该图形象地再现了乾隆帝和八旗将士木兰围场狩猎的壮观场景。

135

《康熙帝戎装像》

年代　清康熙
作者　佚名
收藏单位　故宫博物院

少年时，康熙帝就在满族侍卫默尔根的教练下，刻苦学习骑马和射箭，以致狩猎技艺炉火纯青。康熙帝在木兰围场狩猎时，主要使用火枪和弓箭。在他晚年，曾对自己的狩猎收获作过统计：共获老虎一百三十五只、熊二十只、豹二十五只、猞猁狲十只、麋鹿十四只、狼九十只、野猪一百三十二只、鹿数百只。图中一身戎装的康熙帝坐在松树下，威武高大，侍卫们环立左右，英姿焕发。

136

黑漆描金彩绘鹿哨

年代 清前期
收藏单位 故宫博物院

　　木兰秋狝的哨鹿，是指黎明前，助捕的侍卫头戴假鹿头，吹起鹿哨，模仿雄鹿求偶叫声，吸引雌鹿出现，以便皇帝射猎。这种哨鹿只有少数人参加。鹿哨有竹制的，也有木制的。图中的鹿哨由质地优良的楠木精制而成，并在所雕的龙体外涂上一层金漆，皇家气派更加彰显。

137

康熙帝御用櫜鞬

年代 清康熙
收藏单位 故宫博物院

　　清帝行围时要佩带弓箭。櫜是盛箭的皮套，鞬是盛弓的皮套，合称櫜鞬，俗称"撒袋"。图中是康熙帝使用的櫜鞬。

乾隆帝御用弓箭

年代　清乾隆
收藏单位　故宫博物院

　　乾隆帝的御用弓有几十张。弓为木胎，外面固以牛角筋胶，内面贴桦皮，中加暖木为弓把，弦为鹿皮制，弹力大且耐用。每次木兰狩猎结束，乾隆帝都命把击中猎物的弓贮存起来，并在其上刻留功绩。有一张弓上这样刻道："乾隆二十二年，带领准噶尔投归人众木兰行围上用宝弓，在伊锦豁罗围场射中一鹿。"

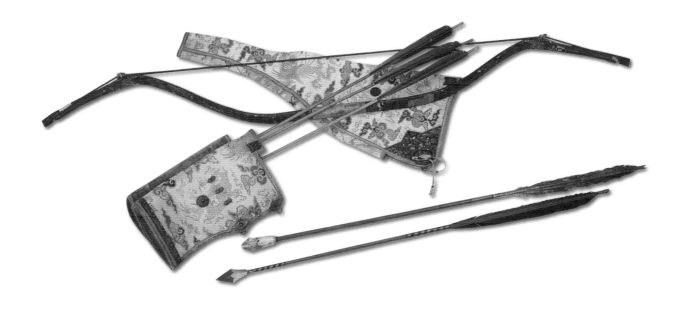

139

康熙帝御用自来火二号枪

年代　清康熙
收藏单位　故宫博物院

　　清朝自康熙帝开始，狩猎中不仅使用弓箭，而且使用火枪，被列入典制，为后世皇帝所遵循。图中为康熙帝御用的自来火二号枪，这是一种转轮式燧发枪。

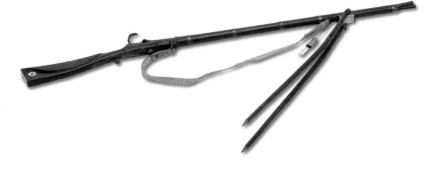

140

康熙帝御用单筒火枪

年代　清康熙
收藏单位　故宫博物院

　　图中的单筒火枪是清宫内务府造办处专为康熙帝狩猎所制造的，目的是增加杀伤力。该枪的两个枪管上下竖叠，是一种很少见的形制。

141

乾隆帝御用奇准神枪

年代　清乾隆
收藏单位　故宫博物院

　　乾隆帝木兰狩猎用的枪有许多种，一般都是杀伤力比较大的前装轻型火器。该图中乾隆帝御用之一的奇准神枪，是一杆火绳枪，射击时要支起枪体上的双叉，才能保证稳定和准确。

142

乾隆帝御用枪弹丸

年代　清乾隆
收藏单位　故宫博物院

　　乾隆帝每次射中猎物后，都要命人从兽体内取出子弹，用黄绸缎包好，并在包内附上一签，记载此次射击的经过、弹丸的重量。图中所示黄绸缎内有大小不等的弹丸三粒，白条签上书："乾隆八年九月初六日在色里围场打虎。虎神枪铅子一个重七钱、花准枪铅子一个重四钱五分，旧神枪铅子一个重二钱三分。"

143

嘉庆帝御用枪

年代　清嘉庆
收藏单位　故宫博物院

　　嘉庆帝亲政后有八次前往木兰围场狩猎，该枪就是他在木兰围场行围时专用的。

144

鹿角椅

年代　清康熙
收藏单位　故宫博物院

　　木兰秋狝后，清帝常把猎获的鹿角制成鹿角椅。一方面这可以表明自己不忘骑射尚武的祖训，另一方面也用来警示后人不忘前代凭借武功得天下的业绩。该图中椅上所镶红木板上有乾隆帝的题诗，由此可知这把鹿角椅所用鹿角是康熙帝的狩猎成果。

145

《亲藩习射图》

年代　清前期
作者　佚名
收藏单位　故宫博物院

　　康熙帝重视木兰行围狩猎，为此，对八旗子弟的骑射教育常抓不懈。他还要求王公贵戚也要经常练习骑射。该图表现的正是康熙年间一位贵族执行康熙帝谕示练习射箭的场景。

《桐荫行猎图》

年代　清前期
作者　佚名
收藏单位　故宫博物院

　　满族贵族为了在木兰狩猎中有上乘的表现，平日就要加强练习。该图描绘了清康熙朝时满族王公在树林中狩猎的情景。

《观骏行乐图》

年代　清前期
作者　佚名
收藏单位　故宫博物院

　　行围狩猎，坐骑非常重要。图中描绘的是一位王公，在参加木兰行围之前，正在挑选品种优良的骏马的场景。

148

《木兰行营图》

年代　清乾隆十五年（1750）

作者　［意］郎世宁等

收藏单位　法国巴黎吉美博物馆

　　该图为《木兰图》的行营卷，表现的是乾隆帝从京师出发前往木兰围场狩猎，在北巡御道上，沿途受到官员、百姓跪迎的场景。

149

《木兰下营图》

年代　清乾隆十五年（1750）

作者　［意］郎世宁等

收藏单位　法国巴黎吉美博物馆

　　该图为《木兰图》的下营卷，描绘的是乾隆帝从京师出发前往木兰围场狩猎的北巡御道上，在没有修建行宫的地方，暂时安营下寨休息的场景。

150

《木兰马技图》

年代　清乾隆十五年（1750）

作者　［意］郎世宁等

收藏单位　法国巴黎吉美博物馆

　　该图为《木兰图》的马技卷，表现的是乾隆帝在木兰围场狩猎的活动中，宴请各少数民族王公贵族时，马术表演的情景。乾隆帝通过北方游牧民族喜闻乐见的马术表演，联络和各少数民族上层人士的感情，以增强他们对中央政府的向心力。

151

《木兰合围图》

年代　清乾隆十五年（1750）

作者　［意］郎世宁等

收藏单位　法国巴黎吉美博物馆

　　木兰合围，指的是在木兰围场围猎时，用作围墙的虞卒以及各类枪手在管围大臣的率领下，在五鼓前齐出营盘，视围场大小、山川远近，绕围场之后，合围靠拢，形成一个方圆几十里的包围圈。日出前，乾隆帝戎装入围，先在看城休息。一切工作准备好后，开始围猎。先是乾隆帝引弓射箭，射飞逐走，左右是宜，蒙古诸部王公莫不欢欣踊跃。乾隆帝射猎完毕，便驻马看城观围。这时，中军号令下达，满族大臣、蒙古王公和各部落射生手刀出鞘、箭上弦，战马声嘶，军旗招展，整个围猎声势真如雷动焱至，星流霆击，宛如一场大规模的军事演习。野兽即使冲出包围圈，也会被最外面一层的射生手击中。该图描绘的正是这一动人心弦的围猎场面。

152

《虎神枪图》

年代　清乾隆
作者　（清）徐扬
收藏单位　故宫博物院

此图表现的是乾隆帝在岳乐围射虎的情景。八
旗将士们把猎物驱逐至围场比较开阔的地带后，射
飞逐走，尽显神通。因为图中录有乾隆帝的《御制
虎神枪记》，所以该图便被命名《虎神枪图》。

《哨鹿图》

年代　清乾隆

作者　［意］郎世宁

收藏单位　故宫博物院

　　哨鹿是木兰行围的一部分，规模较小。哨鹿当天，皇帝要在五更出营，侍卫及各方面的备差人分为三队相随。出营十多里停第三队、再四五里停第二队、又二三里将至哨鹿处停第一队，最后跟随皇帝的只有侍从和护卫十余骑。他们头戴制作的鹿角，吹着木制的长哨，模仿雄鹿求偶的声音。渐闻清角声扬、远林呦呦、低昂应和、倏地一声枪响，命中获鹿矣。该图描绘的是乾隆六年（1741）乾隆帝在一次哨鹿后返回营地的场景。

154

《狩猎聚餐图》

年代　清乾隆

作者　［意］郎世宁

收藏单位　故宫博物院

　　每一次木兰行围之后，乾隆帝都
要根据所获猎物的多少对将士们论功
行赏、注册备案，然后大家才能分食
所获猎物。该图描绘的是乾隆十四年
（1749）一次木兰行围后，乾隆帝在营
地和将士们准备享受围猎收获物的场景。

155

《乾隆帝猎鹿图》（局部）

年代　清乾隆

作者　佚名

收藏单位　故宫博物院

　　乾隆帝在木兰围场行围狩猎时，
有时使用弓箭，有时使用火器。图中
表现的是乾隆帝使用火器射鹿的情景。

156

《乾隆帝一箭双鹿图》

年代　清乾隆
作者　佚名
收藏单位　故宫博物院

　　该图描绘的是乾隆五十三年（1788）、乾隆帝在木兰围场一次狩猎的情景。当时他已经七十九岁了，仍能一箭射中双鹿，表现了他良好的体态，以及对木兰行围的重视。

157

《十骏马"狮子玉"》图

年代　清乾隆
作者　［意］郎世宁
收藏单位　故宫博物院

　　该图选自《十骏马图》。此马浑身雪白，体态健美，肌肉发达，曾随乾隆帝至木兰围场狩猎，深得乾隆帝的喜爱、赐名"狮子玉"，并命郎世宁以写实的西洋手法将它绘制成图，以做永久纪念。

158

《十骏马"宝吉骝"》图

年代 清乾隆

作者 [波西米亚] 艾启蒙

收藏单位 故宫博物院

　　该图选自《十骏马图》。此马是蒙古族土尔扈特部首领策伯克多尔济觐见乾隆帝时献上的名驹，它曾随乾隆帝至木兰围场狩猎，深得乾隆帝的喜爱，赐名"宝吉骝"，并命艾启蒙以写实的西洋手法将它绘制成图，以做永久纪念。

159

《十骏犬图》之一

年代　清乾隆
作者　[波西米亚]艾启蒙
收藏单位　故宫博物院

　　乾隆帝到木兰行围狩猎，都要带纯种的欧洲猎犬，总计有十只。它们身体健壮、动作敏捷，很受乾隆帝喜爱。乾隆帝命宫廷画家把它们画下来，作为永久的纪念。图中全身白色的猎犬是其中的一只，正在静卧张望。

160

《十骏犬图》之二

年代　清乾隆
作者　[波西米亚]艾启蒙
收藏单位　故宫博物院

　　图中猎犬身上的毛呈黄白色，而头部则呈黑色，正在回首张望，一副机警的样子。

《弘历刺虎图》轴

年代　清乾隆
作者　（清）钱维城
收藏单位　故宫博物院

　　在一次狩猎中、乾隆帝射中一只老虎、于是命随行的钱维城创作《射虎图》。作品完成后乾隆帝连连称赞、并下令将此画刻在木兰围场的石头上。

《弘历换矢图》轴

年代　清乾隆
作者　佚名
收藏单位　故宫博物院

　　图中的乾隆帝在木兰围场行围狩猎中、身披貂裘、手持羽箭、骑在一匹雪白的骏马上；马匹装饰华丽、体现了皇家气派。

163

《弘历弋飞图》轴

年代　清乾隆
作者　佚名
收藏单位　故宫博物院

图中描绘了乾隆帝在木兰行围中射中飞鸟的情景。

164

《弘历射兔图》轴

年代　清乾隆
作者　佚名
收藏单位　故宫博物院

图中描绘的是乾隆帝在木兰行围中射兔的情景。

165

《弘历射狼图》轴

年代　清乾隆

作者　佚名

收藏单位　故宫博物院

　　图中描绘的是乾隆帝跃马搭弓、向飞跑的狼
射箭的情景。

《弘历弋凫图》轴

年代 清乾隆
作者 佚名
收藏单位 故宫博物院

图中表现的是乾隆帝在行围中射击水鸟的情景。

167

《弘历毙熊图》轴

年代　清乾隆
作者　佚名
收藏单位　故宫博物院

图中描绘了乾隆帝在围猎中射杀黑熊的情景。

《弘历落雁图》轴

年代　清乾隆
作者　佚名
收藏单位　故宫博物院

　　图中的乾隆帝在围猎中搭弓射向一群高飞的
大雁，瞬间，有几只相继从空中落下。

169

《弘历逐鹿图》轴

年代　清乾隆
作者　佚名
收藏单位　故宫博物院

图中描绘的是乾隆帝在围猎时纵马飞奔、追赶逃鹿的情景。

170

《出猎图》轴

年代　清乾隆
作者　佚名
收藏单位　故宫博物院

为了保持满族传统的骑射武功，以及对边疆少数民族上层人士的抚绥，乾隆帝坚持木兰秋狝大典。图中反映的是满洲贵族一次出猎活动的场景。

三

避暑山庄

171

《避暑山庄图》轴

年代　清康熙
作者　（清）冷枚
收藏单位　故宫博物院

康熙年间，避暑山庄的规模已经非常宏大，处处显示出雄伟之气。该图作于清康熙后期，图中描绘了避暑山庄的全貌，保留了乾隆年间扩建之前的山庄形制，让人们看到了当时避暑山庄的胜景。

172

避暑山庄玺

年代　清乾隆
收藏单位　故宫博物院

这方玉玺为乾隆年制。从图中可以看到，乾隆帝御制诗环刻在印台四周。玺文为"避暑山庄"，汉文篆体。

173

避暑山庄门

来源 故宫博物院林欢

174

避暑山庄正宫二门

来源 故宫博物院林欢

此为避暑山庄的内午门。因门楣悬有康熙帝亲笔题写的"避暑山庄"四个镏金大字，所以后人称其为"避暑山庄门"。当年康熙帝在这里引见官员，观看侍从们的步射技艺，因此又称"阅射门"。

避暑山庄匾额

来源　故宫博物院林欢

"避暑山庄"四字系康熙帝御笔。

《御制避暑山庄诗》

年代　清康熙
作者　（清）玄烨撰，（清）沈喻绘
收藏单位　故宫博物院

《御制避暑山庄诗》，两卷，康熙帝撰诗，揆叙等注，画家沈喻根据诗意绘图，康熙五十一年（1712）内府朱墨套印本，是描绘避暑山庄建筑风貌和景致的诗文图画集。图绘避暑山庄三十六景，景观皆为承德行宫仿江南名园胜迹所成，始于"烟波致爽"，终于"水流云在"。三十六幅图的诗题之下皆有小记，诗句有注释，注释之引文出处用朱线标出，并有朱色句读。是书所绘景物灿彰，界画严整，镌刻亦精致。图为该书封面及内页。

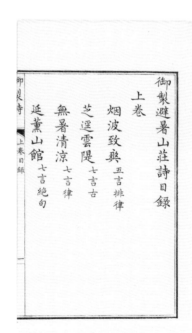

澹泊敬诚殿

来源 故宫博物院林欢

　　澹泊敬诚殿是避暑山庄的正殿，规模宏大。殿建于康熙四十九年（1710），乾隆十九年（1754）全部用楠木改修，故又称楠木殿。建筑用料木质精良质硬，专门用来举行重大节日庆典活动，包括接见文武大臣、国内少数民族上层人士以及外国使节等。

四知书屋内景

来源 故宫博物院林欢

　　四知书屋，在澹泊敬诚殿后，是一座五间大殿，康熙帝曾题名"依清旷"；乾隆五十一年（1786），乾隆帝又增题"四知书屋"。"四知"取《周易·系辞》"君子知微、知彰、知柔、知刚，万夫之望"之意。乾隆帝对此话十分赞赏，认为它恰好表达了弘历刚柔相济、恩威并施的统治策略。周有回廊，曲折叠绕，使庭园清幽，诗意盎然。这里是清帝召见朝臣及各族王公、处理军国要务及举行大典前后更衣休息之处。据载，清帝在此召见了喀尔喀蒙古的哲布尊丹巴呼图克图一世、三世、四世，六世班禅，土尔扈特汗渥巴锡等。

179

剔红云龙纹御笔《四知书屋记》

年代　清乾隆

作者　（清）玄烨

收藏单位　故宫博物院

　　乾隆帝改题"四知书屋"时曾作《四知书屋记》，阐述了"四知"的辩证关系。他认为："盖微柔阴也、彰刚阳也、阳动而阴静、动无不由静、彰无不由微、刚无不由柔。然而柔能制刚、微能掩彰、静能制动、此乃圣人扶阳抑阴之本义，正心敕政，以及用兵不可不深知所几而作，不俟终日者何如？其凛凛哉！"这正是乾隆帝"刚柔相济、恩威并施"治世思想的体现和统治手段所达到的最高境界。该图为剔红云龙纹乾隆帝御笔《四知书屋记》。

180

《御制避暑山庄诗·烟波致爽》

来源　《御制避暑山庄诗》，清乾隆内府绘本

　　烟波致爽殿是皇帝的寝宫，为殿七楹。该殿高大宽敞，周围景色秀丽，空气清新。康熙帝御书联中写道："鸟语花香转清淑，云容水态向暄妍。"此外，《御制避暑山庄诗》另有乾隆年间刻本。乾隆年间刻本书中增加了乾隆帝的和诗。

181

《御制避暑山庄诗·芝径云堤》

来源 《御制避暑山庄诗》，清乾隆内府绘本

　　芝径云堤建于康熙四十二年（1703），为"康熙三十六景"第二景。它仿效杭州西子湖的苏堤构筑，夹水为堤，逶迤曲折，形似芝字。此堤连接三岛：采菱渡、月色江声、如意洲。堤穿湖而行，入夏之后，漫步长堤，满眼苍翠碧绿，四周胜景层层，步挪景动，百态千姿，绿柳袅袅，大有西子湖中"苏堤春晓"之风韵。

182

避暑山庄小金山

来源 故宫博物院林欢

　　康熙帝南巡，曾多次到镇江金山寺。避暑山庄内的小金山，是仿照镇江金山堆叠山石建成的。上面有倚山构成的曲廊殿宇，独有风韵。登临上帝阁最高一层，满园美景尽收眼底，别有情致，使人自然想到形胜天然、风景幽绝的镇江金山。

183

《御制避暑山庄诗·金莲映日》

来源 《御制避暑山庄诗》，清乾隆内府绘本

　　金莲映日是"康熙三十六景"中第二十四景，位于如意洲上，在延薰山馆右侧，建于康熙四十二年（1703）。当年避暑山庄栽植着从五台山引种的金莲花，它所体现的是华北小五台山繁花覆地的自然景观。每当仲夏，金莲花盛开，登楼观看，金彩焕目，宛若黄金布地，蔚为壮观。

184

莺啭乔木

来源 故宫博物院林欢

　　莺啭乔木位于湖区北岸，依邻平原区，是"康熙三十六景"中的第二十二景。此为一六角亭，南临湖水，后面是浓密的树林，植有一些浆果树以吸引百鸟鸣叫枝头。清晨，成群的黄莺在绿树间穿梭，其叫声清脆悦耳、婉转动听，因而题名为"莺啭乔木"。康熙帝经常会在果浆树下聆听鸟鸣，恰似"山中一部笙簧也"。乾隆帝也曾写诗称赞道："山深悦鸟性，乔木早迁莺。"

《御制避暑山庄诗·南山积雪》

来源 《御制避暑山庄诗》，清乾隆内府绘本

　　在青枫绿屿之南的山峰有亭一座，康熙帝题曰"南山积雪"，是"康熙三十六景"中的第十三景。塞北地高气寒，秋末即雪，积雪期长，至春经久不融。登该亭环视，楼阁轩斋，皓洁凝素，白雪缀松，玉碧相映，积雪皎然，玉岭环列。康熙帝曾赋诗赞美这种景色："图画难成丘壑容，浓妆淡抹耐寒松。水心山骨依然在，不改冰霜积雪冬。"

《御制避暑山庄诗·北枕双峰》

来源 《御制避暑山庄诗》，清乾隆内府绘本

　　在青枫绿屿北山之巅有双排柱攒尖方亭，康熙帝题名"北枕双峰"，是"康熙三十六景"第十景。它南与南山积雪亭相对，东与磬锤峰相望，远借距山庄数十千米之外的金山和黑山，三者呈鼎立之势。康熙帝曾在这里欣赏山色。

187

《御制避暑山庄诗·锤峰落照》

来源 《御制避暑山庄诗》，清乾隆内府绘本

在避暑山庄东北的山岗上，有一擎天而立的石柱，俗名棒槌山。康熙四十一年（1702），康熙帝来到热河，赐此山名"磬锤峰"。避暑山庄兴建时，康熙帝又命人在山上修筑"锤峰落照"亭，以便遥望磬锤峰夕阳西下时奇异的景色。锤峰落照是"康熙三十六景"中的第十二景。

188

《御制避暑山庄诗·水流云在》

来源 《御制避暑山庄诗》，清乾隆内府绘本

位于芳渚清流之北，与烟雨楼隔湖相望，为"康熙三十六景"最后一景，是一座重檐四角攒顶、四面出卷棚式抱厦的敞亭。此亭形制独具一格：主亭为方亭，四面加突出的附间。题额由唐代大诗人杜甫诗"水流心不竞，云在意俱迟"脱出。此亭位于内湖与澄湖相交处，流水与浮云相映成趣，动静变化妙不可言。

《避暑山庄诗意图·曲水荷香图》

收藏单位 故宫博物院

　　避暑山庄建成后，康熙帝亲自选定山庄内的三十六个景点，均以四字命名，并为之题诗。《避暑山庄诗意图》册是乾隆时期的画家励宗万据康熙帝御制避暑山庄诗意绘制而成，一景一画，一图一诗，相得益彰。曲水荷香是"康熙三十六景"中的第十五景。该亭南向，在北山麓，奇石参差，鳞次瓦叠，涧水潺潺，随石折为小沼，中植芙蕖，亭亭万柄，翠盖红葩，自然香远。康熙帝题额"曲水荷香"。

《避暑山庄诗意图·无暑清凉图》

收藏单位 故宫博物院

　　无暑清凉是"康熙三十六景"中的第三景。在芝径云堤东北的如意洲上，建殿三重，第一重面南，为门五楹，康熙帝题额"无暑清凉"。因为洲四面环水，门当其前，飞鸟掠波，游鱼吹沫，往来红蕖绿盖间，真觉佛地清凉、人天胜境。

191

《避暑山庄诗意图·云容水态图》

收藏单位　故宫博物院

　　云容水态是"康熙三十六景"中的第二十八景。在梨树峪东边的山上，建有龙王庙。这里山麓坻平，架屋临衢，垒石为堞。其南有殿五楹，东向，康熙帝题额"云容水态"。这里横峰侧岭，献秀争奇。有时片云触石，则缭白萦青，与遥波相际。澄潭空明，澹荡涵影，其流光状真仿佛云无定容，水非一态。

192

《避暑山庄诗意图·暖流暄波图》

收藏单位　故宫博物院

　　暖流暄波是"康熙三十六景"中的第十九景。热河以水得名，近东北门附近有水闸，水从宫墙折入，在其上建一阁，康熙帝题额"暖流暄波"。

《避暑山庄诗意图·西岭晨霞图》

收藏单位 故宫博物院

　　西岭晨霞是"康熙三十六景"中的第十一景。在云帆月舫之右，有一建筑物。它临波面山，一鉴淳滢，千林荟蔚，紫霞晨映，在云岑木杪之间。至于倏忽变幻，锦章绣错，十色五光，更是难以名状，康熙帝因此题额"西岭晨霞"。

《避暑山庄诗意图·梨花伴月图》

收藏单位 故宫博物院

　　梨花伴月是"康熙三十六景"中的第十四景。在避暑山庄的西北有梨树峪，以所产得名。入峪后，平冈逶迤，不觉近远，只听得幽涧潺鸣、进落石罅。行里许，渐入佳境，宛如壶天胜界。每当春月，万树梨花素艳，幽香清辉不断，因而康熙帝题额"梨花伴月"。

《避暑山庄诗意图·四面云山图》

收藏单位　故宫博物院

　　四面云山是"康熙三十六景"中的第九景。在避暑山庄西北最高处，一峰拔地，在其上建亭。因该亭群山拱揖，各开生面：东眺天桥，云垂檐际；南则玉冠诸峰，望如屏列；北则金山、黑山屹峙；广仁岭以西诸峰，盘礴案衍，络绎奔赴。在亭上凭栏远眺，万景无遗，所以康熙帝题额"四面云山"。

《避暑山庄诗意图·万壑松风图》

收藏单位　故宫博物院

　　万壑松风是"康熙三十六景"中的第六景，在松鹤斋景区之北，是避暑山庄宫殿景区兴建最早的建筑。主殿是宫殿区唯一打破坐北朝南格局的正殿、坐南朝北；殿面阔五间，卷棚歇山顶，周围有廊，是康熙帝读书、批阅奏章、召见臣工的地方。其建成于康熙四十七年（1708），北临湖水，主殿与五座单体建筑建在高岗上，彼此有游廊相通。景区内有松树数百株，阵风吹过，松涛骤起，故名。

197

《避暑山庄万树园图》

年代　清中期
作者　（清）钱维城
收藏单位　故宫博物院

　　万树园位于避暑山庄平原区东北部。园中立有石碣，上刻有"万树园"，为乾隆帝所书。是"乾隆三十六景"第二十景。万树园北倚山麓，南临澄湖，地势平坦开阔。地上绿茵如毯、麋鹿成群，山鸡野兔出没；苍松、巨柏、古榆、老柳散置其间，遮天蔽日。南部有乾隆手书《绿毯八韵》诗碑一座。园内不施土木，设蒙古包，康熙帝、乾隆帝曾多次在这里会见、宴请少数民族王公贵族及政教首领。

198

《避暑山庄清辉亭图》

年代　清中期
作者　（清）钱维城
收藏单位　故宫博物院

　　清辉亭是乾隆帝《题避暑山庄三十六景诗》的第十五景。

199

《避暑山庄水心榭图》

年代　清中期

作者　（清）钱维城

收藏单位　故宫博物院

　　避暑山庄"卷阿胜境"之北有水心榭，此处原为出水闸，康熙四十八年（1709）扩建热河水宫，在累墙东挖筑了银湖和镜湖，遂使水闸由累墙变成了湖心，便在水闸上架石为桥，桥上筑三座亭榭，康熙帝亲笔题名为"水心榭"。水心榭中间为长方形重檐歇山卷棚顶建筑，南北为重檐攒尖顶建筑，其两端为四柱牌楼。东隔银湖相对为文园。水心榭是乾隆帝《题避暑山庄三十六景诗》的第八景。

200

《避暑山庄松鹤斋图》

年代　清中期

作者　（清）钱维城

收藏单位　故宫博物院

　　松鹤斋建于康熙十四年（1749），位于正宫东侧，与正宫并列而建，八进院落，分前宫和后寝，在继德堂西有侧门与正宫相通。乾隆帝曾赋诗描绘实景祝愿皇太后："常见青松蟠户外，更欣白鹤舞庭前。西池自在山庄内，慈豫长承亿万年。"松鹤斋是乾隆帝《题避暑山庄三十六景诗》的第三景。

201

《避暑山庄勤政殿图》

年代 清中期
作者 （清）钱维城
收藏单位 故宫博物院

　　勤政殿建于乾隆十六年（1751），位于福寿园北，也称"光明正大殿"，东西有配殿各五间，是军机处、内务府值班办公的地方。勤政殿内面南题匾"光明正大"，面北题匾"高明博厚"。楹联一副："中外同风，持盈长保泰；山川竞秀，弥性并怡情。"乾隆帝赋诗描写了勤政殿外貌环境，表示自己要勤于政事，诗曰："漫施藻棁长阶莎，具足云山四面罗。不息自强励勤政，永钦家法咏卷阿。"勤政殿是乾隆帝《题避暑山庄三十六景诗》的第二景。

202

《避暑山庄丽正门图》

年代 清中期
作者 （清）钱维城
收藏单位 故宫博物院

　　丽正门即避暑山庄正门，建于乾隆十九年（1754）。门前列下马碑和石狮，迎面有30米长的红照壁，门上有阁楼，下有三门，高敞宏伟。中门上方有乾隆题额"丽正门"三字，取《易经》"日月丽乎于天"之意，用汉、满、蒙古、藏、维吾尔五种文字刻成。它和门内上方乾隆帝题诗"两字新题标丽正，车书恒此会遐方"，象征着国内各民族团结、国家强盛、统一。丽正门是乾隆帝《题避暑山庄三十六景诗》的第一景。

四

外八庙

寺仁溥

203

《溥仁寺图》

来源 《钦定热河志》，清乾隆内府刻本

　　溥仁寺在热河行宫东 3 里许。康熙五十二年（1713），康熙帝六十寿辰，各部蒙古王公为了庆贺，上书奏请在承德避暑山庄外围建一寺院作为庆寿盛会之所，康熙帝欣然恩准。寺门南向，寺额"溥仁寺"兼用满、汉、蒙古文。门内天王殿三楹，悬挂康熙帝御书寺额。又内正殿七楹，供三世佛。"溥仁"二字有皇帝深仁厚爱普及天下之意。该图选自《钦定热河志》第七十九卷。

204

溥仁寺内景

来源 故宫博物院摄影师 20 世纪 50 年代摄

《溥善寺图》

来源 《钦定热河志》，清乾隆内府刻本

　　溥善寺在热河行宫东溥仁寺后百步许。康熙
五十二年（1713），康熙帝六十寿辰，各部蒙古王
公为了庆贺，与溥仁寺同时修建。寺南向、门内
有天王殿、前殿、正殿、配殿等。康熙帝御书楹
联。该图选自《钦定热河志》第七十九卷。

普宁寺及《普宁寺图》

来源 《钦定热河志》，清乾隆内府刻本

　　普宁寺在热河行宫东 5 里狮子沟。乾隆二十
年（1755），清朝军队平定了准噶尔蒙古台吉达瓦
齐之乱。冬十月，厄鲁特蒙古四部首领来避暑山
庄朝觐乾隆帝。为纪念这次事件，乾隆帝依照西
藏三摩耶庙的形式，修建了这座喇嘛寺。它表明
了清政府希望天下永远太平统一、人民安居乐业
的愿望。普宁寺的主体建筑是大乘之阁，大乘之
阁及其四周的一组建筑物是根据佛教宇宙观修建
的，有日殿、月殿，还有白塔数座和象征所谓四
大部州、八小部州等建筑。千手千眼观世音菩萨
便供奉在主体建筑大乘之阁中。该图选自《钦定
热河志》第七十九卷。

207

普宁寺碑

来源　故宫出版社王一珂

普宁寺碑有三块。《普宁寺碑文》记载了平定达瓦齐之乱后，乾隆帝在避暑山庄大宴厄鲁特蒙古四部（准噶尔、杜尔伯特、辉特、和硕特）上层人士，并分别封以汗、王、贝勒、贝子等爵衔的事迹。《平定准噶尔勒铭伊犁之碑》《平定准噶尔后勒铭伊犁之碑》分别记述了清政府平定达瓦齐、阿睦尔撒纳叛乱的经过。三碑的碑文均用满、汉、蒙古、藏四体文字书写。

208

《普佑寺图》

来源　《钦定热河志》，清乾隆内府刻本

普佑寺在热河行宫东北 6 里许，乾隆二十五年（1760）敕建。寺南向，门三楹，乾隆帝御书寺额。有正殿、天王殿、法轮殿、经楼等建筑。该图选自《钦定热河志》第七十九卷。

寺　佑　普

安远庙及《安远庙图》

来源 《钦定热河志》，清乾隆内府刻本

　　安远庙在热河行宫东北山麓，俗称伊犁庙，也称金顶寺。建于乾隆二十九年（1764），仿新疆伊犁河北岸的固尔扎庙规则修建。固尔扎庙是厄鲁特蒙古规模最大的一座寺庙，准噶尔部远近牧民每年夏季都到这里集会，顶礼膜拜。该庙于乾隆二十一年（1756）被阿睦尔撒纳溃军烧毁。清军平叛后，有功的准噶尔蒙古达什达瓦部全部迁往承德。乾隆帝考虑到达什达瓦部的宗教信仰，遂命在武烈河东岸建造此庙。落成后厄鲁特蒙古各部首领每年夏季来承德朝见乾隆帝，也常到这里聚会，进行宗教活动。安远庙的主体建筑是普渡殿，内供大型木雕地藏王像，墙壁绘有佛教故事为题材的壁画。《安远庙图》选自《钦定热河志》第七十九卷。

廟遠安

210

普乐寺及《普乐寺图》

来源 故宫博物院林欢

　　普乐寺位于承德市武烈河东岸，俗称圆亭子，建于乾隆三十一年（1766）。当时西北各民族与清朝政府关系日益密切，哈萨克、布鲁特（今柯尔克孜族）和蒙古族杜尔伯特部，不断派使者前来避暑山庄朝觐，因此乾隆帝谕示特建此寺。寺院面对避暑山庄，呈众星拱月态势，象征多民族国家的统一。普乐寺的主体建筑是阇城上的"旭光阁"，类似北京天坛祈年殿，阁中须弥座上的主体"曼陀罗"上有一尊铜制的藏传佛教的佛像，即"上乐王佛"，又称"欢喜佛"。《普乐寺图》选自《钦定热河志》第七十九卷。

寺 樂 普

211

普乐寺碑

来源　故宫出版社王一珂

　　普乐寺内有巨碑一通，为乾隆帝所撰《普乐寺碑记》，记载了哈萨克、布鲁特和蒙古族杜尔伯特部上层人士来避暑山庄朝觐的情况。

212

《普陀宗乘之庙图》

来源　《钦定热河志》，清乾隆内府刻本

　　该庙位于承德避暑山庄北面，是依照西藏拉萨市布达拉宫的形制修建的一座皇家寺庙。"普陀"为佛教中观音菩萨的居地，是梵文"布达拉"的简译，因此它又称小布达拉宫。原为庆祝乾隆帝六十岁寿辰和皇太后八十岁寿辰而修建，届时将有内外蒙古、青海、新疆等地的蒙古族、维吾尔族上层人士齐集承德祝贺。乾隆三十六年（1771）九月二十日，落成典礼之际，适逢渥巴锡率领土尔扈特部众回归清朝，渥巴锡一行在避暑山庄觐见乾隆帝。乾隆帝作《土尔扈特全部归顺记》《优恤土尔扈特部众记》两文，命以满、汉、蒙古、藏四种文字将两记分别刻在石碑上，并将石碑立于普陀宗乘庙的碑亭。此图选自《钦定热河志》第八十卷。

廟之乘宗陀普

125

213

须弥福寿之庙及《须弥福寿之庙图》

来源 故宫博物院林欢

　　乾隆四十五年（1780），乾隆帝七十岁诞辰寿日，西藏政教首领六世班禅额尔德尼要来避暑山庄祝寿，对此乾隆帝极为重视；为了隆重接待班禅，在这里特仿班禅所居的日喀则札什伦布寺的形式，兴修了这座庙宇。"须弥"即须弥山、藏语名"札什"，"福寿"藏语名"伦布"。须弥福寿的意思，是像吉祥的须弥山一样多福多寿。该庙主体建筑为大红台，藏式屋顶，内外有女儿墙。大红台内为群楼，中央为班禅讲经处"妙高庄严"殿。"吉祥法喜"殿为班禅居住处。此图选自《钦定热河志》第八十卷。

214

《乾隆帝普宁寺佛装像》唐卡

年代　清乾隆
作者　佚名
收藏单位　故宫博物院

　　乾隆帝尊崇佛教，曾奉三世章嘉活佛为师修习藏密，被蒙藏地区尊为文殊菩萨化身的大皇帝。该图为当年悬于普宁寺的乾隆帝佛装像，用以怀柔信仰藏传佛教的各少数民族上层人士。

215

《乾隆帝普乐寺佛装像》唐卡

年代　清乾隆
作者　佚名
收藏单位　故宫博物院

　　画面正中乾隆帝为中年形象，面目清秀，留须，双目凝视，反映出内心的安详。他头戴班智达帽，身着僧衣，右手结说法印，左手结禅定印、上托法轮，全跏趺坐于莲花托须弥座上。最上方示现其修行本尊的三座坛城。第二层正中为上师三世章嘉，章嘉小像的左右两侧分别描绘出诸佛菩萨。乾隆帝像背光四周环以藏传佛教历代先师，空档处填绘繁密的花朵及花枝。座下两侧集结着以空行母、金刚亥母为主的佛母、菩萨等诸神。再下两角为八尊护法神。最下一层为尸陀林主、四大天王及诸供养护法。此唐卡为乾隆早期佛装像，勾线工整流畅、色彩丰富。

五

怀柔远人

《塞宴四事图》轴

年代　清乾隆
作者　［意］郎世宁等
收藏单位　故宫博物院

　　《塞宴四事图》描绘乾隆帝在木兰秋狝过程中，于围场举行诈马（赛马）、什榜（蒙古音乐）、布库（相扑）、教跳（驯马）等四事的场景。图的上方，有乾隆帝对"四事"分别进行的解释以及所题御制诗。塞宴四事是清朝皇帝的重要政治活动，通过塞宴四事，招待参与木兰秋狝的蒙古各部上层，款待八旗将士，与边疆民族首领共聚一堂，宴饮狂欢，增进感情；从一个侧面表现了满族贵族在面对多民族国家的统治上，采取了因俗而治的统治措施。

217

《万树园赐宴图》轴

年代　清乾隆
作者　［意］郎世宁、［法］王致诚、［波西米亚］艾启
　　　蒙等
收藏单位　故宫博物院

　　乾隆十九年（1754）五月，乾隆帝在这里设宴款待归附清朝的蒙古族杜尔伯特部首领"三车凌"（即车凌、车凌乌巴什、车凌蒙克）。该图展现了民族统一的历史画面。

218

《马术图》轴

年代　清乾隆
作者　［意］郎世宁等
收藏单位　故宫博物院

219

《渥巴锡像》

年代　清乾隆
作者　［波西米亚］艾启蒙
收藏单位　德国汉斯博物馆

　　阿睦尔撒纳与初登准噶尔部汗位的达瓦齐因利益冲突而相互交战，阿睦尔撒纳战败后，请求归附清廷、谒见乾隆帝。对于阿睦尔撒纳的主动投清，乾隆帝大喜过望。他进一步了解到准噶尔内部的情况，从而坚定了借准噶尔部内乱之际出兵的信心，以完成祖父康熙帝、父亲雍正帝"两朝未竟之业"。考虑到阿睦尔撒纳还未出过痘疫，因此觐见地点选在避暑山庄，时间定在寒冷的冬季。这一年的十一月十五日，乾隆帝于山庄内举行了隆重的欢迎仪式后，又招待阿睦尔撒纳与蒙古族的和硕特部班珠尔、杜尔伯特部的纳默库等人一道观看了精彩的马术表演。为了纪念这一具有历史意义的盛大聚会，乾隆帝命西洋画师郎世宁组织宫廷画家们对此进行了纪实性描绘。

　　乾隆三十六年（1771）秋，乾隆帝在承德避暑山庄外八庙的普陀宗乘之庙（也称小布达拉宫）接见渥巴锡等东归首领。并且，乾隆帝下令在普陀宗乘之庙竖起两块巨大的石碑，用满、汉、蒙、藏四种文字铭刻他亲自撰写的《土尔扈特全部归顺记》和《优恤土尔扈特部众记》，用来纪念这一重大的历史事件。在普陀宗乘之庙，乾隆帝用蒙古语和渥巴锡进行交流，了解了部落历史和回归经过，并且请宫廷画师为渥巴锡画了这幅画像。因为回归途中渥巴锡率领的大军损失很大，当时渥巴锡的心情十分沉重，所以画像上的他看起来非常忧伤。画像的左上角写有蒙古文，右上角则用汉字写着"土尔扈特汗渥巴锡"。

《万法归一图》

年代　清乾隆
作者　佚名
收藏单位　故宫博物院

乾隆三十六年（1771）秋，乾隆帝在避暑山庄外八庙之一的普陀宗乘之庙万法归一殿，安排渥巴锡等人和自己一起听高僧讲佛法。从图中可以看到，大殿富丽堂皇，乾隆帝身着朝服、正襟危坐，他对面是包括年轻的渥巴锡在内的十位土尔扈特部首领，整个气氛吉祥安庆。画面上端，是正乘祥云而来的佛国使者，他们正在为此次重大的法事祝福。

《御制土尔扈特全部归顺记》碑

来源　故宫出版社王一珂

该碑位于今承德市普陀宗乘之庙内，碑文记述了土尔扈特蒙古部重归祖国的过程。

东巡篇

    清帝东巡，指的是康熙帝、乾隆帝、嘉庆帝、道光帝前往东北拜谒祖陵——永陵、福陵和昭陵，以及在此期间的各种活动，包括巡省地方、加强军备、发展生产、奖励文教、察吏安民等内容。

    最早想去拜谒祖陵的是顺治帝。顺治十一年（1654），顺治帝特降谕旨，表示思念远在天涯的祖宗陵寝，吃不下饭，睡不着觉，一定要选择吉日出行，心中方才安定。但是由于种种原因，他未能成行，并在顺治十八年（1661）二十四岁时因患天花病离开人世。

    康熙帝三次东巡到盛京谒陵，分别在康熙十年（1671）、二十一年（1682）、三十七年（1698）。他首次东巡的路线是经直隶出山海关，沿途行围狩猎，拜谒福陵和昭陵后，在盛京皇宫举行庆祝和颁赏活动。康熙帝第二次东巡，路线与第一次相同，不同的是在祭祀福陵和昭陵后，还北上祭祀了永陵；并远抵吉林，视察了松花江水师战舰及沿岸军备情况。康熙帝第三次东巡，路线是出口外，经承德走内蒙古牧区，到了喀喇沁和科尔沁王公的府第。

    乾隆帝四次东巡到盛京谒陵，分别在乾隆八年（1743）、十九年（1754）、四十三年（1778）、四十八年（1783）。乾隆帝前两次东巡的路线，是出木兰围场后，走内蒙古牧区，也到了科尔沁王公的府第。拜谒永陵、福陵和昭陵后，在盛京皇宫举行盛大的庆祝和颁赏活动，还在清宁宫祭神。值得一提的是，乾隆帝第二次东巡，在拜谒三陵之前，还北上到了吉林城。乾隆帝第三次东巡，走的是山海关路线；第四次则是从承德避暑山庄出发，沿途驻跸行宫，到达盛京。

嘉庆帝两次东巡到盛京谒陵，分别在嘉庆十年（1805）、二十三年（1818）。嘉庆帝东巡，走的是山海关路线，到三陵谒祖，在清宁宫祭祀，在崇政殿行庆贺礼，在大政殿进行筵宴活动，这些都和他的先辈一样。

　　道光帝只有一次东去盛京谒陵，时间是道光九年（1829）。他走的路线和乾隆帝第三次东巡、嘉庆帝两次东巡的路线基本一致，由京师经山海关直接前往盛京。在拜谒三陵之后，在盛京宫殿内举行庆贺仪式、筵宴活动，以及清宁宫祭神。当然，也有一定的赏赐。

　　清帝东巡寄托着对先世的怀念，以及对自身的激励。康熙帝在出巡过程中采取的措施，为抵御沙俄侵略、加强边防以及多民族国家的巩固发展作出了重要贡献。他沿途访询民间疾苦、奖励农垦、发展生产，对于开发建设东北边疆也作出了不可磨灭的历史功绩。乾隆帝出巡东北，特别注重奖励文教，为此采取了一系列措施，促进了东北边疆文教事业的发展。他在内蒙古地区加强和蒙古王公的联系，有利于清朝多民族国家的巩固。嘉庆帝东巡期间，清朝国力已经衰微，他虽然严惩庸员酷吏，调整政策，减轻人民负担；但是，老百姓实际上并没有从中获益。道光帝东巡时，清朝已经江河日下，弊端丛生，矛盾重重，谒陵不过是勉强的循例之举罢了。

222

《入科尔沁境》诗

来源 《清高宗御制诗》，乾隆年间武英殿刻本

科尔沁蒙古王公和清朝皇室世代联姻，建立了政治上的巩固联盟，有力地维护了清朝在北疆的封建统治秩序。乾隆帝的这首诗，正是这种亲密关系的写照。此诗选自《清高宗御制诗》二集第五十一卷。

223

科尔沁草原

来源 吴华忠

科尔沁草原处于西拉木伦河西岸和老哈河之间的三角地带，是康熙帝祖母孝庄文皇后的出生地。科尔沁蒙古王公和满族贵族世代联姻。清帝东巡多次在这里经过。

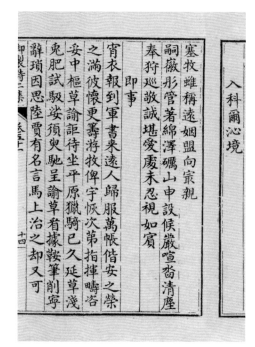

《山海关》诗并序

来源 《清圣祖御制文集》，康熙年间武英殿刻本

　　山海关北靠燕山，南临渤海。明洪武十四年（1381），大将徐达修筑长城，在此设立关城，因位于山海之间，故名"山海关"。山海关连山据海，固若金汤，明朝倚为险要，设重兵把守。清朝入关后，四十年关门不闭，康熙帝认为所以出现这种变化，是因为清朝实行了"恃德"的政策，所以恃德远比恃险重要。不过，实行恃德政策也并不是件容易的事情。该诗中体现的正是这种思想。此诗选自《清圣祖御制文集》第一集第三十六卷。

《姜女祠》诗

来源 《清圣祖御制文集》，康熙年间武英殿刻本

　　山海关孟姜女庙又名贞女祠，位于山海关东12里的凤凰山上，相传始建于宋朝之前。孟姜女的故事是中国民间著名传说之一，后人景仰孟姜女的忠贞，感叹她的忠烈而建此庙。康熙十年（1671），康熙帝首次东巡，从京师经山海关直抵盛京，曾驻跸姜女祠。他有感于中国古代长城的浩大工程以及孟姜女寻夫哭倒长城的感人传说，写下了这首七言律诗《姜女祠》。该诗平实直白，有很强的感染力。此诗选自《清圣祖御制文集》第一集第三十六卷。

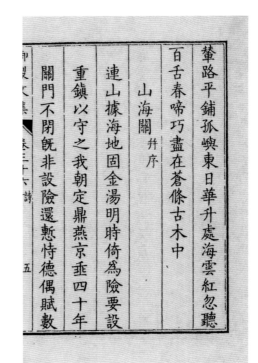

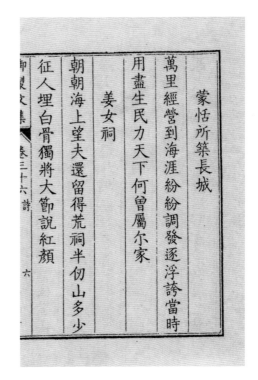

《由京启程至山海关沿途路程图》

年代　清前期
作者　佚名
收藏单位　故宫博物院

　　图中描绘了清帝东巡从京师启程至山海关的
沿途路程。

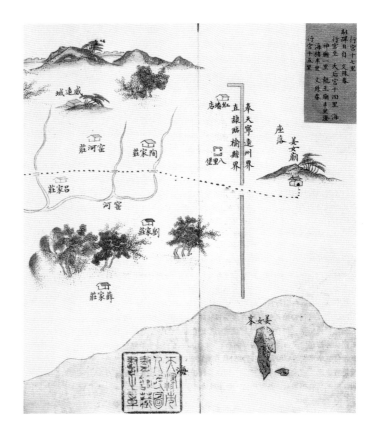

227

《清帝东巡回銮图》之一

年代　清中期
作者　佚名
收藏单位　天津图书馆

　　该图选自《圣驾回銮行宫图》第一站图一，描述了清帝东巡返京自姜女庙西行的路线。过了奉天宁远州界，就到了直隶临榆县界。

228

《清帝东巡回銮图》之二

年代　清中期
作者　佚名
收藏单位　天津图书馆

　　该图选自《圣驾回銮行宫图》第一站图二，描述了清帝东巡返京自山海关西行到文殊庵的路线。图中北有角山，南有潮河，山海关城清晰可见。

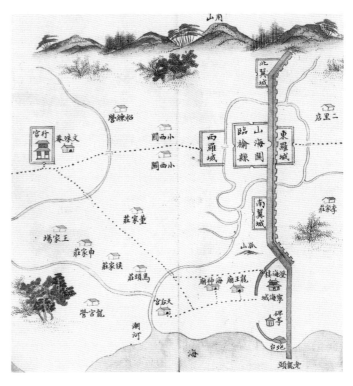

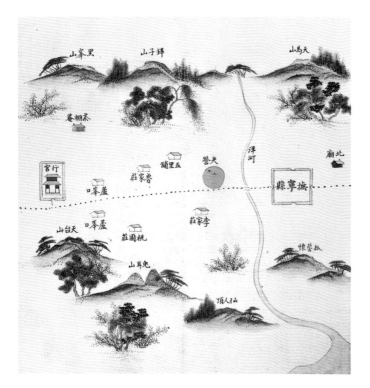

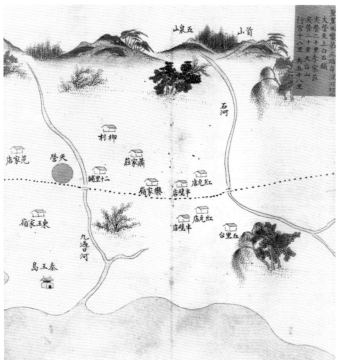

229

《清帝东巡回銮图》之三

年代　清中期

作者　佚名

收藏单位　天津图书馆

　　该图选自《圣驾回銮行宫图》第二站图二，描述了清帝东巡返京自抚宁县西行到天台山行宫的路线。图中绘有洋河、天马山和天台山。

230

《清帝东巡回銮图》之四

年代　清中期

作者　佚名

收藏单位　天津图书馆

　　该图选自《圣驾回銮行宫图》第三站图一，描述了清帝东巡返京自深河村西行到范家店的路线。图中绘有石河及五泉山等。

《清帝东巡回銮图》之五

年代　清中期
作者　佚名
收藏单位　天津图书馆

　　该图选自《圣驾回銮行宫图》第三站图二，描述了清帝东巡返京自范家店西行到董家庄大营的路线。图中有汤河、张果老河与深河。

《清帝东巡回銮图》之六

年代　清中期
作者　佚名
收藏单位　天津图书馆

　　该图选自《圣驾回銮行宫图》第四站图二，描述了清帝东巡返京自吉家庄西行到夷齐庙行宫的路线。图中北面有团山，永平府的西边是青龙河。

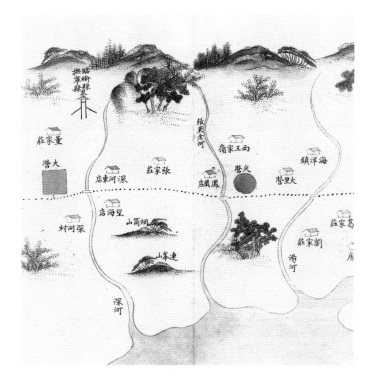

233

《清帝东巡回銮图》之七

年代　清中期
作者　佚名
收藏单位　天津图书馆

　　该图选自《圣驾回銮行宫图》第五站图二，描述了清帝东巡返京自唐家庄西行到红庙庄行宫的路线。图中绘有元帝庙和香山寺等。

234

《清帝东巡回銮图》之八

年代　清中期
作者　佚名
收藏单位　天津图书馆

　　该图选自《圣驾回銮行宫图》第八站图二，描述了清帝东巡返京自蔡各庄西行到隆福寺行宫的路线。图中北边是天台山，山的西边是西峰口。

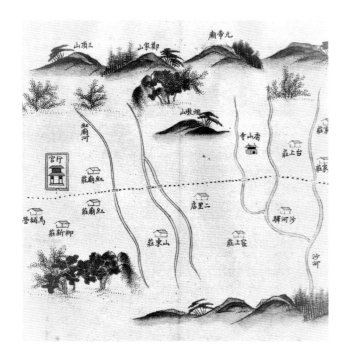

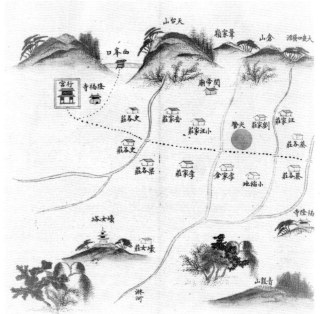

235

《清帝东巡回銮图》之九

年代　清中期
作者　佚名
收藏单位　天津图书馆

　　该图选自《圣驾回銮行宫图》第十站图二，描述了清帝东巡返京自小屯西行到香花庵行宫的路线。图中东北边的盘山引人注目。

236

《清帝东巡回銮图》之十

年代　清中期
作者　佚名
收藏单位　天津图书馆

　　该图选自《圣驾回銮行宫图》，描述了清帝东巡返京自草房西行到朝阳门的路线。图中朝阳门及北边的远山非常清晰。

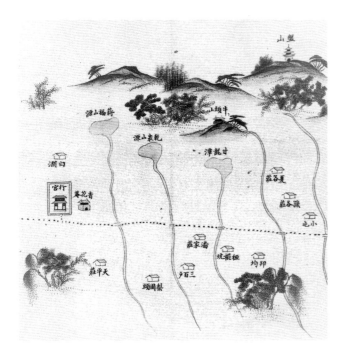

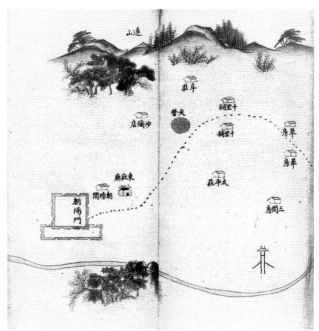

二

三陵谒祖

永陵全景

来源　故宫博物院林欢

　　永陵是清太祖努尔哈齐远祖孟特穆、曾祖福满、祖父觉昌安、父塔克世及其伯父礼敦、叔父塔察篇古等人的陵墓，位于辽宁新宾启运山南麓。明万历二十六年（1598）初建，后称兴京陵，顺治十六年（1659）改称永陵。清帝东巡谒陵要到这里祭祀。

永陵启运殿

来源　沈阳故宫博物院李理

　　永陵启运殿在永陵正门启运门内，是永陵的正殿。清帝东巡谒永陵时，谒见礼与大飨礼在这里举行。

永陵局部

来源　沈阳故宫博物院李理

　　永陵由下马碑、前宫院、方城、宝城、省牲所、冰窖、果楼等部分组成。这是从侧面看到的永陵外观。

240

《清太祖努尔哈齐朝服像》轴

年代　清前期

作者　佚名

收藏单位　故宫博物院

　　努尔哈齐统一女真，称汗建元，为清朝建立奠定了基础。他在宁远之战中身受重伤，于明天启六年（1626，天命十一年）去世。

241

《福陵图》轴

年代　清前期

作者　佚名

收藏单位　中国第一历史档案馆

　　福陵是清太祖努尔哈齐的陵墓，俗称沈阳东陵，位于今辽宁沈阳东郊石嘴山（后改称天柱山）。该图描绘了福陵殿宇的整体布局，以及陵区苍翠的林木。清帝东巡谒陵时，要到这里祭祀。

福陵鸟瞰

来源 王一文

福陵建筑格局因山势形成前低后高之势，南北狭长，从南向北可划分为大红门外区、神道区、方城、宝城区等部分。四周树木环绕，一片苍翠。

福陵下马坊

来源　沈阳故宫博物院李理

　　清帝东巡祭祀福陵时，要在这里下马，改为步行，以示景仰。

福陵下马坊额

来源　沈阳故宫博物院李理

　　坊额上用满、汉、蒙古三种文字书写"往来人等至此下马，如违定依法处"的警示语。

245

福陵碑楼

来源　沈阳故宫博物院李理

碑楼内立着"太祖高皇帝之陵"碑，碑文以满、汉、蒙古三种文字书写，颂扬了努尔哈齐为大清奠立基业的丰功伟绩。

246

福陵隆恩门

来源　沈阳故宫博物院李理

该门为三重檐楼式结构，是清帝祭祀福陵必须经过的地方。隆恩门内方城的正中是隆恩殿。清帝东巡拜谒福陵，在这里举行谒见礼和大飨礼。

《清太宗皇太极朝服像》轴

年代 清前期
作者 佚名
收藏单位 故宫博物院

  崇德八年（1643）八月初九日，皇太极在盛京皇宫清宁宫"无疾"而终。从该幅像中可以看出皇太极身体发胖，可能是突发心脑血管疾病而亡。

《昭陵图》轴

年代　清前期
作者　佚名
收藏单位　中国第一历史档案馆

　　昭陵是清太宗皇太极的陵墓，俗称沈阳北陵，位于今辽宁沈阳北郊。该画面描绘了昭陵殿宇的整体布局，以及陵区葱郁的林木。清帝东巡谒陵要到这里祭祀。

昭陵鸟瞰

来源　王一文

　　昭陵由南至北依次为下马碑、华表、石狮、石牌坊、更衣厅、宰牲厅、正红门，这些是陵的前部。从正红门到方城，包括华表、石象生、碑楼、祭祀用房，属于中部。方城、月牙城和宝城，属于后部，是陵寝的主体。

250

昭陵石牌坊

来源　沈阳故宫博物院李理

　　昭陵石牌坊是昭陵最外面的建筑，清帝祭祀昭陵时，要经过这里，并下马步行，以示景仰之情。

251

昭陵隆恩殿

来源　沈阳故宫博物院李理

　　昭陵隆恩殿在昭陵正红门和隆恩门内，是清帝东巡拜谒昭陵时举行谒见礼和大飨礼的地方。

252

昭陵石像生局部

来源　沈阳故宫博物院李理

　　在昭陵众多的石雕建筑精品中，石像生以其逼真细腻的雕琢、优美匀称的造型独树一帜，给人留下深刻印象，为其他清帝陵石刻难以企及。

盛京皇宫

大政殿

来源　沈阳故宫博物院李理

　　大政殿是清太祖努尔哈齐所建，坐北朝南。努尔哈齐和皇太极曾在此处理政务。清帝东巡谒陵后，要在大政殿举行筵宴，是时皇子、王公、大臣、少数民族首领以及外国使臣都要参加，气氛极为热烈。

254

大政殿内景

来源　沈阳故宫博物院李理

　　宝座由清太宗皇太极一人独坐，反映了皇太极的集权。大政殿内的陈设是乾隆帝东巡期间重新制定的，凝结了乾隆帝对先祖的崇敬和思念之情。

255

大清门外景

来源 沈阳故宫博物院李理

　　大清门建于明崇祯五年（天聪六年，1632）之前，是盛京皇宫的正门，俗称午门。崇祯九年（清崇德元年，1636）定宫殿名称时改称为大清门。平时这里是文武百官候朝之所，官员谢恩等一些活动也在这里举行。清帝东巡期间，由此门进入皇宫举行各种纪念活动，并写诗对其歌颂。

256

大政殿与十王亭

来源 沈阳故宫博物院李理

　　十王亭位于盛京皇宫东路，以大政殿为中心，把左、右翼王亭和八旗王亭呈八字形对称排列，每列五座、共十座，合称十王亭。它是八旗王处理政务的衙门。清帝东巡期间，曾到此徘徊良久，以示追思。

257

崇政殿外景

来源　沈阳故宫博物院李理

　　崇政殿为清太宗皇太极所建，是盛京皇宫的正殿。皇太极在此处理政务、接见外国使臣和少数民族首领。清帝东巡谒陵后，要在崇政殿举行庆贺大典，气氛热烈而庄严。

258

崇政殿门额

来源　沈阳故宫博物院李理

　　匾额上文字左为满文，右为汉文。意在敦促施政者要亲政、勤政，视政务为最高要务。

凤凰楼外景

来源　沈阳故宫博物院李理

　　凤凰楼坐落在崇政殿后，是内廷与外朝的分界，也是盛京皇宫内最高的建筑。皇太极经常在这里举行筵宴。清帝东巡期间，曾经到这里缅怀先帝的业绩。

260

清宁宫外景

来源　沈阳故宫博物院李理

　　清宁宫是皇太极营建的内廷中宫，东间是他的寝宫。清帝东巡谒陵后，要在清宁宫祭神，气氛热烈而充满神秘色彩。

261

清宁宫内景

来源　沈阳故宫博物院李理

　　皇太极建成清宁宫后，在宫内西侧设神堂，四间相连。西墙正中为供奉朝祭神位之处，在此举行萨满祭祀。清帝东巡谒陵后，也在这里举行萨满祭祀，气氛十分热烈。

索伦杆子

来源　沈阳故宫博物院李理

　　索伦杆子下方上圆，是用红漆漆成的木杆，位于清宁宫前庭正对宫门处，满族祭天时使用，俗称"神杆"。它立于石座上，顶部逐渐尖锐，安有一个锡碗，里面装有猪的内脏、碎米等，用来喂食鸦雀。清帝东巡谒陵后，就用索伦杆子祭天。

皇太极鹿角椅

来源　沈阳故宫博物院李理

　　这把鹿角椅是皇太极的御用座椅，扶手和靠背围缘是依所猎鹿的两角自然之形制成，以此来弘扬其民族的尚武精神。乾隆帝东巡盛京时，曾瞻仰了这把座椅，并在椅背正中题有御制诗，告诫后世子孙不忘国语骑射。

264

乾隆帝御制文《盛京赋》册

作者 （清）弘历撰、（清）杨一书
收藏单位 故宫博物院

乾隆帝在该赋中写道："以父母之心为心者，天下无不友之兄弟。以祖宗之心为心者，天下无不睦之族人。以天地之心为心者，天下无不爱之民物。"乾隆帝认为这些话每个人都应当拿来自勉；而作为人君，尤其应当记住以祖宗之心为心这一句。因为只有这样，才能知道创业艰难，知道守成不易，才能兢兢业业，畏天爱人。该图为绣线杨应琚书《盛京赋》册封面。

265

绣线杨应琚书《盛京赋》册内页

收藏单位 故宫博物院

《盛京赋》册每页竖写六行，每行十二个字，共七十二个字。展现在读者面前的这一百四十四个字，为汉字楷书体。

建设北疆和加强边防

266

《清圣祖实录·谕户部》

来源 《清圣祖实录》第四十四卷

康熙帝认为："自古国家久安长治之谟，莫不以足民为首务，必使田野开辟，盖藏有余，而又取之不尽其力，然后民气和乐，聿成丰亨豫大之体。"他还说："小民拮据开荒，物力维艰……嗣后各省开垦荒地，俱再加宽限，通计十年，方行起科。"这些认识是康熙帝东巡建设北疆的思想基础。

267

《清圣祖实录·谕阿穆尔图》

来源 《清圣祖实录》第三十六卷

康熙帝谕示："满汉人民悉赖农业，须多方劝谕开垦耕种，俾各遂生计，以副朕眷念发祥重地之意。"地方官员正是执行了康熙帝的这一方针，东北边疆的农业生产才有所发展。

更扰民者各督抚严行稽察题参治罪〇壬

议叙定例如新任官自图纪叙掩袭前功纷

宽限通计十年方行起科其所司官员原有

朕心深为轸念嗣后各省开垦荒地俱再加

拮据开荒物力艰难恐催科期迫反致失业

休见行垦荒定例俱限六年起科朕思小民

不尽其力然后民气和乐聿成丰亨豫大之

为首务必使田野开辟益藏有余而又取之

户部自古国家久安长治之谟莫不以足民

官孙之禺往盛京视将军阿穆尔图等曰此等閒

御前各赐银两谕将军阿穆尔图等曰此等閒

散老病之人如有一二遗漏未沾恩泽者薾

等查出陆续奏闻俾得均沾恩惠以示朕轸

恤之意又赐披甲执役人等银两又召将军

阿穆尔图副都统叶薾素鄂泰侍郎纳桑阿

哈薾松阿杭爱敔色等谕曰此方人民淳朴

祥重地之意又谕守

勤谕开垦耕种俾各遂生计以副朕睠念发

军民爱养招徕满汉人民悉赖农业须多方

狱讼事简无甚难理薾等膺斯委任惟撫戢

161

書○丙辰諭刑部項以逆寇殄滅海宇蕩乎
朕躬詣盛京展謁
永陵
福陵
昭陵以告成功固而巡行邊塞容詢民間疾苦。
東至為喇地方見其風氣嚴寒由內地發遣
安挿人犯永土不冒難以資生念此輩雖千
憲典但既經免死原欲令其生全若仍拨界
窮荒終歸觏路殊非法外寬宥之初念朕心
深為不忍以後免死減等人犯俱著發遣尚
陽堡安挿其應發尚陽堡人犯改發遼陽安
挿○於反叛案內應流人犯仍發烏喇地方
令其當差不必與新披甲之人為奴○以昭朕
彰恤民隱衰矜保全之意爾部即遵諭行○
讓政王大臣等議覆廣西巡撫郝浴所題樣

《清圣祖实录·谕刑部》

来源 《清圣祖实录》第一百零二卷

　　宽释各种人犯，是康熙帝东巡期间的政策之一。他谕示大学士等："以后免死减等人犯，俱著发往尚阳堡安插；其应发尚阳堡人犯，改发辽阳安插。至于反叛案内应流人犯，仍发乌喇地方令其当差，不必与新披甲人为奴。"这样，一定程度上解放了生产力，有利于东北边疆的经济发展。

《四库全书》书影

收藏单位　故宫博物院

　　《四库全书》是在乾隆帝的主持下，由纪晓岚等三百六十多位高官、学者编撰，三千八百多人抄写，费时十三年编成。丛书分经、史、子、集四部，故名四库。共有三千五百多种书，七万九千卷，三万六千册，约八亿字，基本上囊括了中国古代所有图书，故称"全书"。当年，乾隆帝命人手抄了七部《四库全书》，其中的一部，在乾隆帝第三次东巡时，庋贮在盛京的文溯阁。

文溯阁

来源　故宫博物院林欢

　　文溯阁在盛京皇宫西侧，是座二层三楼的建筑，黑色琉璃瓦绿剪边。所有的门、窗、柱都漆成绿色，外檐彩画也以蓝、绿、白相间的冷色调为主。其彩绘画题材以"白马献书""翰墨卷册"等与藏书楼功用相谐的图案，给人以古雅清新之感。

271

《耕织图·耕图》册页

年代　清康熙
作者　（清）焦秉贞
收藏单位　故宫博物院

　　康熙帝重视农业生产，采取了许多促进农业发展的措施，其中包括在东北边疆地区开垦土地，发展生产，储备军粮。康熙帝多次派人到东北督理农务，传授农耕方法。本图即是农耕的场面。

《广舆胜览图·俄罗斯卷》

年代　清前期
作者　佚名
收藏单位　中国国家博物馆

　　明末清初，俄国殖民主义侵略势力不断入侵中国黑龙江流域的广袤土地，遭到当地各族人民及驻军的有力还击。康熙初年，因为平定三藩之乱，以及统一台湾，清朝东北边防空虚，俄国殖民者遂乘机在中国东北疯狂扩张，强行在中国的土地上建城筑屋，殖民屯垦，严重危及清朝主权和领土完整。图中是清朝人眼中的俄罗斯人的形象。

《康熙帝出巡图》屏

年代　清康熙
作者　佚名
收藏单位　故宫博物院

　　考虑到俄国殖民者对东北边疆侵略的严峻形势，康熙帝利用东巡之机，到达吉林地区，考察了东北的军事设施，和当地官员一起筹商抵抗俄国殖民者入侵的详细措施，用以加强东北边防。图中的康熙帝骑着一匹白马，有护卫跟从，路边有官员和百姓跪迎。

 274

藤牌

年代 清康熙
制作者 清兵部
收藏单位 故宫博物院

康熙帝第二次东巡后，清军开始了反击俄国侵略者的准备工作。康熙二十四年（1685）五月，清军包围了雅克萨。二十四日晨，俄军从尼布楚出发前来增援。清军首领林兴珠率领藤牌军奋勇拦击，打败了增援的敌人，断绝了城内敌军的后路。该图是当年清军使用的藤牌。

275

神威无敌大将军炮

年代 清康熙
制作者 清兵部
收藏单位 黑龙江省博物馆

该炮造于康熙十五年（1676），康熙帝为这类红衣大炮赐名"神威无敌大将军"。此炮参加过雅克萨之战，在反对俄国侵略者的战争中立过大功。后来，清政府把它收藏在黑龙江齐齐哈尔黑龙江将军衙门所属的武器库中。1975 年，它被移至黑龙江省博物馆。

黑龙江将军萨布素像

来源　张万林、朱文光：《黑龙江首任将军萨布素》，黑
　　　龙江朝鲜民族出版社，2009

　　萨布素（？—1701），满洲镶黄旗人，富察氏。康熙十七年（1678）任宁古塔副都统。二十二年（1683）晋升黑龙江将军，防守东北边疆，抗击沙俄侵略军，曾参加两次雅克萨之战。康熙二十八年（1689）《中俄尼布楚条约》签订时，带兵担任护卫。

《松花江放船歌》

来源　《清圣祖御制文集》，康熙年间武英殿刻本

　　康熙帝第二次东巡期间，在松花江上视察。当时他冒雨登舟，顺流而下，风急浪涌，江流有声，风涛迅发，往往惊人。该诗就是在这样的环境中写成的。在诗中，康熙帝满怀无限激情，讴歌了东北边疆的锦绣河山，抒发了为捍卫国家神圣领土、敢于迎击来犯之敌的雄心壮志。此诗选自《清圣祖御制文集》第一集第三十六卷。

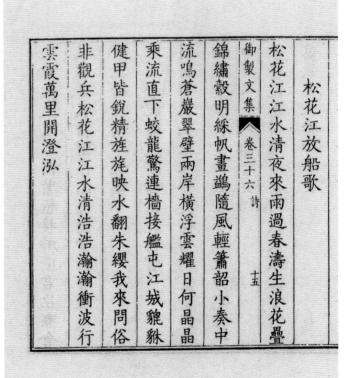

西巡篇

清朝皇帝的西巡，是指康熙帝、乾隆帝、嘉庆帝到山西五台山的巡幸活动。

五台山位于山西省五台县境内，由一系列大山和高峰组成；其中五座高峰峰顶平坦宽阔，有如垒土之台，故名五台山。五台山因台顶常年积雪，即使是盛夏季节，这里的气候也非常凉爽，所以又名清凉山。

早在东汉永平年间（58—75），五台山已有寺庙建筑；到南北朝北魏时期（386—534），已建寺庙二百多所。清代，随着藏传佛教传入五台山，有的汉地寺庙（俗称青庙）便改为藏传佛教寺庙（俗称黄庙），并且还新建了许多藏传佛教寺庙，这样就出现了青、黄二庙各具特色，汉、藏、蒙、满各族僧众和睦相处的佛地风貌，受到藏族和蒙古族的尊崇。

康熙帝五次西巡五台山，时间分别在康熙二十二年（1683）二月、九月，三十七年（1698）正月，四十一年（1702）正月，四十九年（1710）二月。康熙帝西巡，一般是从京城启行，经涞水县、易州、满城县、唐县、真定府，到达五台山后驻跸菩萨顶。五次西巡，康熙帝除了建祝太皇太后延寿道场外，还先后向各寺庙赐梵文藏经两部、匾额五十四块，撰写碑文二十余道，修葺寺院二十余所，赠送漆金佛菩萨像七尊，做各种法会八次，敕赐金银六千余两，资送珍物无数。

乾隆帝六次西巡五台山，时间分别在乾隆十一年（1746）九月、十五年（1750）二月、二十六年（1761）二月、四十六年（1781）二月、五十一年（1786）二月、五十七年（1792）三月。乾隆帝西巡五台山主要原因，是利用藏传佛教怀柔蒙古和西藏地区。西巡五台山期间，乾隆帝除在菩萨顶建醮讲经外，还供奉菩萨顶并台麓寺佛前御书《心经》、佛塔各一轴，墨刻《心经》、佛塔、水月观音、童子观音各一卷，墨刻《金刚经》、佛塔各两轴，糁金无垢文殊菩萨两尊，糁金孺童文殊菩萨一尊；罗睺寺、玉花池、寿宁寺、般若寺、镇海寺、七佛寺、殊像寺、三泉寺墨刻《心经》、水月观音、童子观音各一卷；菩萨顶镀金镶嵌坛城、镀金菱花盘、彩漆挑杆、吉祥珐琅把盏、花瓶、荷叶碗、黄罗宝盖等；台麓寺银八宝、镀金菊花盘等。恩赏各寺庙香银1085两；菩萨顶喇嘛克食、蟒袍、蟒缎、珠子、貂皮、宫用缎、彭缎等；众僧银790余两，瓢珠108盘，哈达440块；台麓寺帑金3180两，喇嘛蟒袍、缎子、众僧蟒袍等；罗睺寺住持、老格隆，般若寺、寿宁寺、镇海寺、七佛寺住持蟒袍等。

嘉庆帝只有一次西巡五台山，时间是嘉庆十六年（1811）三月。他瞻礼涌泉寺、台麓寺、白云寺、殊像寺，朝拜五方文殊，遍览金刚窟，在显通古刹瞻礼佛祖圣容，观赏明代铜殿和金刚宝座铜塔，在塔院寺瞻仰释迦文佛舍利塔和文殊发塔，登上西北大岭，首谒元初帝师八思巴驻锡过的寿宁寺和唐代密宗道场玉华池，看了五百罗汉。回銮时，嘉庆帝命将《钦定清凉山志》一书续行纂辑，最后成书《西巡盛典》。

清帝西巡是清宫廷佛事活动的延续，促进了五台山地区佛教的发展，对西巡所经地区的经济、文化也产生了一定的影响。

西巡程途

一

278

《西巡盛典》

年代　清嘉庆

作者　（清）董浩

收藏单位　故宫博物院

　　嘉庆十六年（1811），嘉庆帝西巡五台山，返京后敕命在《钦定清凉山志》的基础上续行纂辑，所有庙宇、行宫及经由道途，前书有未载者，著山西巡抚彭龄速饬地方官绘具图说。于是，董浩等奉敕撰成此书。全书分为宸章、恩纶、秩祀、阅武、褒赏、程途、歌颂等八部分。其中阅武、程途部分有图。书中不仅详记嘉庆帝西巡往返诸事，而且兼及康熙帝、乾隆帝西巡之事。该图为嘉庆十七年（1812）武英殿聚珍版印本封面及内页。

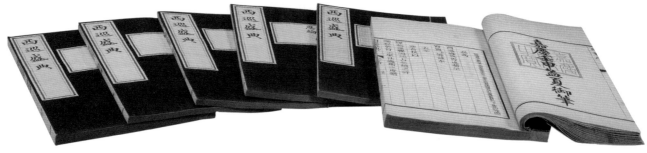

279

《黄新庄行宫图》

来源 （清）董诰等：《西巡盛典》，嘉庆十七年（1812）
武英殿聚珍版印本

　　黄新庄在良乡县界，地近京城，沃野坻平，
烟火弥望。乾隆十三年（1748）建有行宫，是清
帝西巡驻跸之所。从图中可以看到，该行宫中
路有宫门、垂花门、大殿、照殿，东路有东书房、
三卷房，西路有西书房、西大殿。此图选自《西
巡盛典》第十三卷。

280

《半壁店行宫图》

来源 （清）董诰等：《西巡盛典》，嘉庆十七年（1812）
武英殿聚珍版印本

　　半壁店距韩村河 23 里。韩村河即侠河，在
房山县与涿州、良乡交界。半壁店与南正、北正
二村相近，乾隆十三年（1748）建有行宫，是清
帝西巡驻跸之所。图中是该行宫的建筑格局，与
黄新庄行宫基本相同。此图选自《西巡盛典》第
十三卷。

281

《河神祠图》

来源 （清）董诰等：《西巡盛典》，嘉庆十七年（1812）
武英殿聚珍版印本

　　河神祠在唐县西 30 里，面临唐河，乾隆十年
（1745）建。乾隆十一年（1746），乾隆帝赐名"灵
济祠"，赐额"灵源协顺"。嘉庆十六年（1811），嘉
庆帝西巡经过这里，写有《谒灵济祠》诗。从图中
可以清楚地看到东路山门、垂花门、河神殿，西路
宫门、垂花门、座落等。此图选自《西巡盛典》第
十三卷。

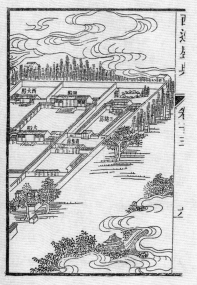

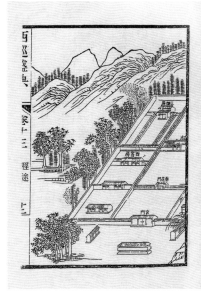

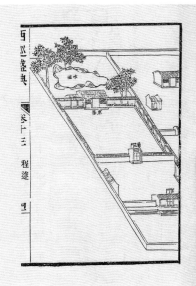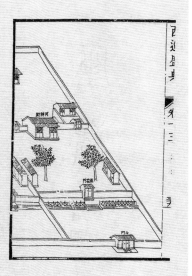

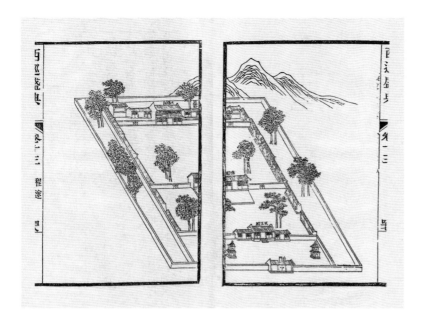

282

《普佑寺图》

来源　（清）董诰等：《西巡盛典》，嘉庆十七年（1812）
　　　武英殿聚珍版印本

　　普佑寺一名长寿寺，明万历年间（1573—1620）
建，佛像高三丈六尺。康熙二十六年（1687），康
熙帝西巡，赐御题额"松石禅"。乾隆十一年
（1746），乾隆帝西巡经此，赐额二：一是"镜照
圆寂"，二是"觉慧津梁"。二十六年（1761），乾
隆帝又赐诗联。该寺后面松柏秀郁，名"万松山"。
嘉庆十六年（1811），嘉庆帝西巡经过这里，写有
《普佑寺瞻礼》诗。从图中可以看到山门、天王殿、
佛殿、座落等。此图选自《西巡盛典》第十三卷。

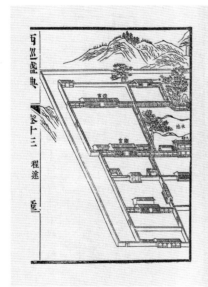

283

《大教场图》

来源　（清）董诰等：《西巡盛典》，嘉庆十七年（1812）
　　　武英殿聚珍版印本

　　大教场距法华村46里。乾隆四十六年（1781），
督臣袁守侗奉旨发帑建立。乾隆五十一年（1786），
乾隆帝西巡驻跸其地。嘉庆十六年（1811），嘉
庆帝西巡经过此地，写有《题近清斋》《春祺室》
等诗。图中可以看到宫门、垂花门、大殿、寝宫、
后宫等。此图选自《西巡盛典》第十三卷。

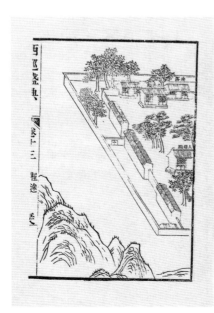

284

《招提寺图》

来源　（清）董诰等：《西巡盛典》，嘉庆十七年（1812）
　　　武英殿聚珍版印本

　　招提寺在三箭山前，康熙帝西巡赐额。乾
隆十一年（1746），乾隆帝西巡经过这里，赐
额"香岩净域"，十五年（1750）、二十六年
（1761）、五十七年（1792）西巡，也都到了这里。
嘉庆十六年（1811），嘉庆帝西巡，颁赐释迦殿
匾额"祇林法座"，并写有《御制招提寺》诗。图
中可以看到三箭山、御书亭，还有山门、大雄殿、
座落等。此图选自《西巡盛典》第十三卷。

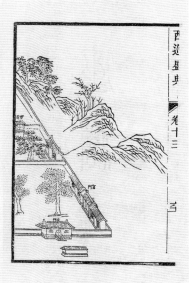

285

《印石寺图》

来源 （清）董浩等：《西巡盛典》，嘉庆十七年（1812）
武英殿聚珍版印本

　　印石寺距龙泉关 8 里，四山盘亘，中有印钞
石垣，即益寿庵，明万历年间建。乾隆二十六年
（1761）、五十七年（1792），乾隆帝西巡到达此寺。
嘉庆十六年（1811），嘉庆帝西巡到此，御题文
殊殿匾额"花雨鬘云"。从图中可以看到该寺的山
门、大殿、无量佛殿，以及宫门、垂花门、座落
等。此图选自《西巡盛典》第十三卷。

286

《长城岭图》

来源 （清）董浩等：《西巡盛典》，嘉庆十七年（1812）
武英殿聚珍版印本

　　长城岭在阜平县西 90 里、东距龙泉关 20 里，
岭路陡峻，直上 20 里处龙泉关即山西界。嘉庆
十六年（1811），嘉庆帝西巡，督臣温承惠在此建
房屋。嘉庆帝写有《策马度长城岭》诗。图中可
以看到宫门、垂花门、座落等。此图选自《西巡
盛典》第十三卷。

287

《东台图》

来源 董浩等：《西巡盛典》，嘉庆十七年（1812）武英
殿聚珍版印本

　　东台去中台 42 里，去北台略相等，其东为
龙泉关路。台高 38 里，顶周 3 里。东台因其东
望明霞，如波似海，故称望海峰。康熙二十一年
（1682），康熙帝赐"望海峰"三字额。乾隆十二年
（1747）、十四年（1749），乾隆帝相继赐额"霞表
天城""华严真境"。嘉庆十六年（1811），嘉庆帝
西巡，写有《东台赞》诗。图为东台顶景。此图
选自《西巡盛典》第十四卷。

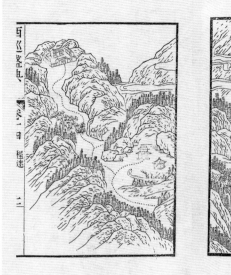

 288

《西台图》

来源 （清）董浩等：《西巡盛典》，嘉庆十七年（1812）
武英殿聚珍版印本

　　西台去中台 4 里，去北台 35 里，台高 35 里，顶
周 2 里。西台旧名栲栳山，后改名挂月峰。因其
月坠峰巅，宛如悬镜，故名。唐建法雷寺，康熙
二十二年（1683），康熙帝发帑重修，圣制碑文
勒石，赐额二，一为"莲井"，一为"初地"。乾隆
十二年（1747），乾隆帝赐额"月镜空圆"，十四年
（1749）又赐额"德水香林"。嘉庆十六年（1811），
嘉庆帝西巡，写有《西台赞》诗。图为西台顶景。
此图选自《西巡盛典》第十四卷。

 289

《南台图》

来源 （清）董浩等：《西巡盛典》，嘉庆十七年（1812）
武英殿聚珍版印本

　　南台去中台 80 里，台高 30 里，顶周 2 里。南
台细草杂花，灿若铺锦，故称锦绣峰；有庙名普
济寺，宋朝时建，康熙二十二年（1683），康熙帝
发帑重修，赐额二，一为"大方广室"，一为"物外
游"。乾隆十二年，乾隆帝赐额"仙花证果"。其西
3 里为古南台，康熙帝赐额，上有云集寺，乾隆帝
赐额"慧性明圆"。西北为妙德庵，康熙帝赐额二，
一是"香阁慈云"，一是"松风水月"。乾隆十六年，
乾隆帝赐额"性因净果"。东 1 里为杂花庵。图为
南台顶景。此图选自《西巡盛典》第十四卷。

290

《北台图》

来源 （清）董浩等：《西巡盛典》，嘉庆十七年（1812）
武英殿聚珍版印本

　　北台去中台 13 里，台高 40 里，顶周 4 里。北
台云浮山腰，巅摩斗杓，称叶斗峰，也是五台山最
高峰。上有庙名灵应寺，明朝时建立。康熙二十二
年（1683），康熙帝发帑重修，赐额"栖真境""火
珠白月""五界神湫"等。乾隆十二年（1747），乾
隆帝赐额"应真禅窟"。嘉庆十六年（1811），嘉庆
帝西巡，写有《北台赞》诗。图为北台顶景。此图
选自《西巡盛典》第十四卷。

《中台图》

来源 （清）董浩等：《西巡盛典》，嘉庆十七年（1812）
武英殿聚珍版印本

中台高 39 里，顶平广，周 5 里。因其石翠岩
碧，碧霭浮空，又称翠岩峰，是五台的中心。上有
庙，名演教寺，唐朝时建。康熙二十二年（1683），
康熙帝发帑重修，赐额"翠岩""古雪"。乾隆十二
年（1747），乾隆帝赐额"灵鹫中峰"。嘉庆十六年
（1811），嘉庆帝西巡，写有《中台赞》诗。图为中
台顶景。此图选自《西巡盛典》第十四卷。

《台怀镇行宫图》

来源 （清）董浩等：《西巡盛典》，嘉庆十七年（1812）
武英殿聚珍版印本

台怀镇行宫在灵鹫峰之麓，距菩萨顶 3 里，
旧志称菩萨顶行宫。乾隆二十五年（1760），改建
正殿五楹，正中乾隆帝赐题额"恒春堂"；后殿五
楹，正中赐题额"清凝斋"。嘉庆十六年（1811），
嘉庆帝西巡，进行修葺。嘉庆帝写有《台怀晴望》
诗。图为台怀镇行宫的建筑格局。此图选自《西
巡盛典》第十四卷。

《玉花池图》

来源 （清）董浩等：《西巡盛典》，嘉庆十七年（1812）
武英殿聚珍版印本

玉花池在中台南麓，西接罗汉坪，有万寿
庙，古称玉花寺。传说其时池生白莲，坚莹如玉，
因以为名。康熙帝赐额"天开渌池"。乾隆十二
年（1747），乾隆帝赐额"华严龙海"。嘉庆十六
年（1811），嘉庆帝西巡经过这里，写有《玉华池
恭依皇考壬子诗韵》诗。图为玉花池及周边景象。
此图选自《西巡盛典》第十五卷。

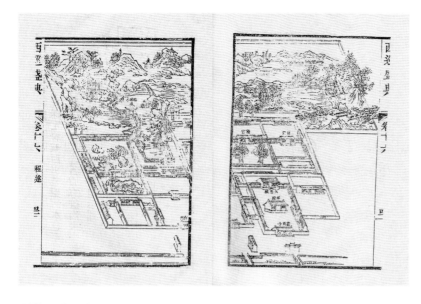

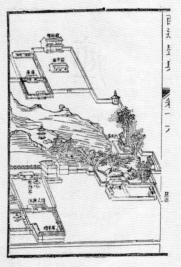

294

《临漪亭图》

来源 （清）董浩等：《西巡盛典》，嘉庆十七年（1812）
武英殿聚珍版印本

临漪亭在保定府城西、元朝时引鸡距河水建
亭其上，后来倒塌。乾隆十五年（1750），因其地
建行宫，乾隆帝西巡驻跸。嘉庆十六年（1811），
嘉庆帝西巡也驻跸此地，并写诗抒怀。图中可以
看到寺庙、殿宫、后宫、园林等建筑。此图选自
《西巡盛典》第十六卷。

295

《莲花池图》

来源 （清）董浩等：《西巡盛典》，嘉庆十七年（1812）
武英殿聚珍版印本

莲花池在保定府治南，元大帅张柔所凿，引
鸡距河水为府中之胜。雍正十一年（1733），奉旨
各省建立书院，就在此地增设讲堂书屋，名"莲
池书院"。巡抚方观承设置十二景。乾隆帝到此曾
写有诗章。嘉庆十六年（1811），嘉庆帝西巡回跸
经过这里，写有《游莲池书院》诗。从图中可见
御诗亭、关帝庙、藏经楼等。此图选自《西巡盛
典》第十六卷。

296

《紫泉河图》

来源 （清）董浩等：《西巡盛典》，嘉庆十七年（1812）
武英殿聚珍版印本

紫泉河在新城县西北15里。乾隆十五年（1750），
此处建有行跸，乾隆帝写有十景诗。嘉庆十六年
（1811），嘉庆帝西巡回跸来到这里，写有《紫泉
十咏》诗。从图中可以看到垂花门、大殿、寝宫、
后宫等建筑。此图选自《西巡盛典》第十六卷。

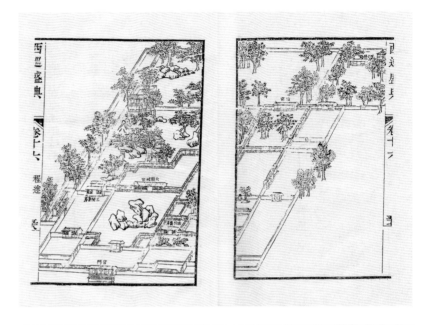

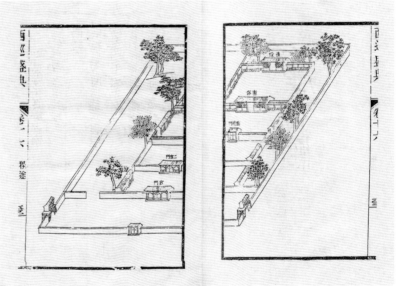

297

《药王庙图》

来源　（清）董浩等：《西巡盛典》，嘉庆十七年（1812）
　　　武英殿聚珍版印本

　　药王庙在涿州城南，乾隆十六年（1751），此
处建有行跸。嘉庆十六年（1811），嘉庆帝西巡回
跸经过这里，御书观音阁额"大乘正觉"，还写有
《涿州行宫有感》诗。大殿寝宫、后宫等建筑在图
中清晰可见。此图选自《西巡盛典》第十六卷。

298

《宏恩寺图》

来源　（清）董浩等：《西巡盛典》，嘉庆十七年（1812）
　　　武英殿聚珍版印本

　　宏恩寺在良乡县南，康熙帝西巡三次到这里，
并写诗抒怀。乾隆帝也来过此地。嘉庆十六年
（1811），嘉庆帝西巡回跸经过此处，写有《宏恩
寺小憩》诗。从图中可以看到宫门、二宫门、垂
花门、座落、后殿等建筑。此图选自《西巡盛典》
第十六卷。

二

佛教圣地

299

《钦定清凉山志》

年代　清嘉庆
作者　（清）董浩等
收藏单位　故宫博物院

　　《钦定清凉山志》内容丰富，涉及清凉山寺庙、名胜古迹、人物事件及有关诗词歌赋等。图为嘉庆十六年（1811）增刻本。共二十二卷，分圣制、天章、巡典、佛迹、名胜、寺院、艺文、物产等门类。康熙帝、乾隆帝、嘉庆帝西巡事迹都有所记述。此图为清嘉庆刻本《钦定清凉山志》封面及内页。

300

《五台山全图》

来源　《钦定清凉山志》
收藏单位　故宫博物院

　　五台山位于山西省东北部，隶属忻州市五台县，位列中国四大佛教名山之首。属于太行山系的北端，跨忻州市五台县、繁峙县、代县、原平市、定襄县，方圆达 500 里，总面积 593 平方千米。图中展现的是五台山的风貌以及相关寺庙。

《清凉山图》轴

年代　清乾隆
作者　（清）关槐
收藏单位　故宫博物院

　　关槐，字晋卿，号雪岩，晚号青城山人，浙江仁和（今杭州）人，生卒年不详。乾隆四十五年（1780）传胪，官礼部侍郎。词章翰墨，脱颖不群。画山水入宋、元之室，品诣在奚冈、屠倬之间。虽得董诰指授，其画境之苍润恬静，实有过之。供奉内廷，宠眷特懋。有《群仙胪祝》轴、《溪山秋爽》轴等。该图是他随乾隆帝西巡后所作。

《涌泉寺图》

来源 （清）董浩等：《西巡盛典》，嘉庆十七年（1812）
武英殿聚珍版印本

　　涌泉寺在长城岭西2里，卢家庄之东，有泉
涌出，相传为文殊菩萨洗手之处。康熙二十二年
（1683），康熙帝经过此地，以"喜清浪之不竭，念
圣境之未湮。爱发帑金，式扶像教"，修建寺庙。
二十八年（1689），竣工，赐额"涌泉寺"。四十四
年（1705），康熙帝赐额"法雨晴飞"，并制碑文
勒石。嘉庆十六年（1811），嘉庆帝西巡驻跸这里，
钦颁御书三大士殿额"灵源法宇"，并写有《涌泉
寺》诗。此图选自《西巡盛典》第十四卷。

《台麓寺图》

来源 （清）董浩等：《西巡盛典》，嘉庆十七年（1812）
武英殿聚珍版印本

　　台麓寺在东台之东射虎川上。康熙二十二
年（1683），康熙帝西巡回銮，在此射死一虎；为
纪念此事，将此地改名射虎川，并创建此寺。康
熙帝御制碑文勒石，并赐梵书藏经。康熙四十
年（1701），又遣官赍送镂刻香檀佛像，供奉寺内。
乾隆十二年（1747），乾隆帝西巡，赐额"妙庄严
路"。十六年（1751），又赐额"筏通彼岸""五髻
香云"。寺旁建有行宫，乾隆帝赐题前殿额"雪妍
堂"，后殿额"雨花"。嘉庆十六年（1811），嘉庆
帝西巡驻跸此处，御书释迦殿额"大觉总持"，并
写有《台麓寺及静寄斋雨花堂》诗。此图选自
《西巡盛典》第十四卷。

五台圣境石坊

来源 王雷

　　山西五台山菩萨顶，康熙的御笔手书"五台
圣境"石坊立于院中。

《白云寺图》

来源 （清）董浩等：《西巡盛典》，嘉庆十七年（1812）
武英殿聚珍版印本

　　白云寺旧名卧云庵，始建于唐朝。康熙四十六
年（1707），康熙帝发帑重修，御制碑文勒石，赐
额"法云真迹"。乾隆十一年（1746），乾隆帝赐
额"松风花雨"。乾隆十二年（1747），又赐额"朗
莹心珠""法云地"，寺北建有行宫。乾隆二十五年
（1760），乾隆帝题前殿额"引怀堂"，后殿额"静宜
书屋"。嘉庆十六年（1811），嘉庆帝西巡，御书文殊
殿额"香昙涌现"，并写有多首《静宜书屋》《引怀
堂诗》。此图选自《西巡盛典》第十四卷。

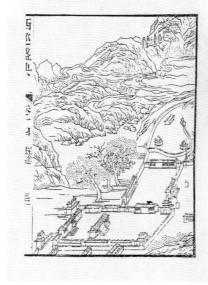

佛母洞

来源 王雷

　　佛母洞又称千佛洞，坐落在五台山南台接近山
顶处，白云寺西 5 里。

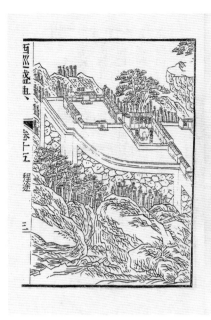

307

《镇海寺图》

来源 （清）董浩等：《西巡盛典》，嘉庆十七年（1812）
　　　武英殿聚珍版印本

　　镇海寺在交口西南岭下，寺院因山借势，错落有致。康熙帝赐额"金光轮藏"。乾隆十六年（1751），乾隆帝赐额"金轮不住"。寺东恭备座落。北为万缘庵，康熙帝赐额"真实相"。乾隆十二年（1747），乾隆帝赐额"施治群有"；十六年（1751），又赐额"智宏六度"。嘉庆十六年（1811），嘉庆帝西巡，御制释迦殿额"宗乘海会"，写有《回跸至镇海寺》诗。此图选自《西巡盛典》第十五卷。

308

远望五爷庙

来源 王雷

《殊像寺图》

来源 （清）董浩等：《西巡盛典》，嘉庆十七年（1812）
　　　武英殿聚珍版印本

　　殊像寺在梵仙山左，距台怀镇1里许，奉文殊大士跨狻猊像。法相庄严，塑工精绝。该寺创建于元代，于明代弘治和万历年间重修。康熙三十七年（1698），特命发帑重修，圣制碑文勒石。乾隆十四年（1749），乾隆帝又命发帑重修，并圣制碑文勒石，赐额"大圆镜智"。嘉庆十六年（1811），嘉庆帝西巡，御书文殊殿额"人天胜果"，并写有《殊像寺》诗。此图选自《西巡盛典》第十五卷。

殊像寺门额

来源 王雷

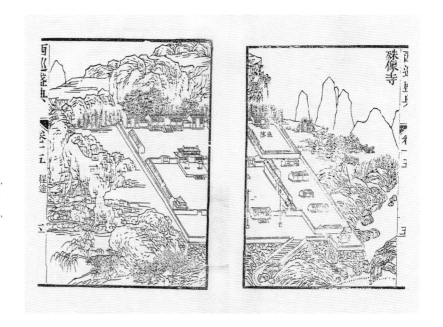

311

《菩萨顶大文殊寺图》

来源 （清）董诰等：《西巡盛典》，嘉庆十七年（1812）
武英殿聚珍版印本

　　菩萨顶大文殊寺在中台灵鹫峰顶，本名真容
院，唐释法云建。相传寺成有塑工安生不召而
来，祷求菩萨现身。七天后，菩萨在云中显现全
像，遂图模塑成，故名真容院。明朝时改名大
文殊寺。康熙二十二年（1683），康熙帝发帑重
修，命覆大殿以黄瓦。三十年（1691），全寺都覆
黄瓦，以示隆异。四十四年（1705），康熙帝遣官
送镀金观音、普贤二菩萨及狮象供奉寺中，并赐
诗。四十六年（1707），赐额"十刹圆光"等。乾
隆十二年（1747），乾隆帝赐额"心印毗昙"。殿内
两壁有画：一为唐僧取经和五百罗汉，一为佛本
生故事。彩塑、壁画俱佳。此图选自《西巡盛典》
第十五卷。

312

菩萨顶大文殊寺大殿

来源 王雷

313

菩萨顶局部

来源 王雷

314

《普乐院图》

来源 （清）董浩等：《西巡盛典》，嘉庆十七年（1812）
武英殿聚珍版印本

　　普乐院原名普乐寺，在金刚窟西，是章嘉
胡图克图静室。乾隆帝西巡在此暂息，赐额"三
乘普证"，赐静舍额"法界恒春"。嘉庆十六年
（1811），嘉庆帝御书额"万缘善果"，并写有《游
金刚窟普乐院诸胜境》诗。图中东路有座落等建
筑。此图选自《西巡盛典》第十五卷。

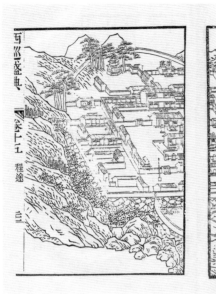

315

《罗睺寺图》

来源 （清）董诰等：《西巡盛典》，嘉庆十七年（1812）
武英殿聚珍版印本

罗睺寺在塔院寺东北隅，有莲花藏，规制甚异，俗谓花开见佛。宋元祐中建。康熙四十一年（1702），康熙帝发帑重修，制碑文勒石，赐额"八正门"。乾隆十二年（1747），乾隆帝赐额"慧灯净照"。十六年（1751），又赐额"悟色香空"。二十五年（1760），寺旁改修精舍，乾隆帝赐额"意蕊心香"。嘉庆十六年（1811），嘉庆帝西巡在此驻跸，写有《罗睺寺》诗。此图选自《西巡盛典》第十五卷。

316

远望塔院寺

来源 王雷

《大显通寺图》

来源 （清）董浩等：《西巡盛典》，嘉庆十七年（1812）
武英殿聚珍版印本

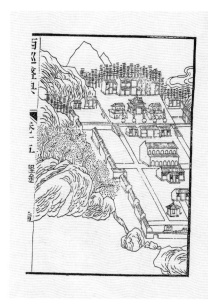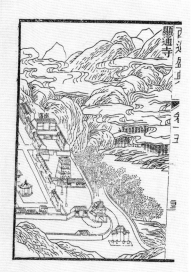

大显通寺在灵鹫峰上，古名大孚灵鹫寺，汉明帝时建。魏文帝置十二院，环匝鹫峰。唐为大华严寺，明易今名。寺中有无梁殿，架石为之，不设寸木。寺后有铜殿铜塔，工制俱极精巧。康熙帝发帑重修，制碑文勒石，并赐二额为"甘露津""绀园"。乾隆十二年（1747），乾隆帝赐额"十地圆通"。十六年（1751），又赐额"真如权应"。嘉庆十六年（1811），嘉庆帝西巡，御书文殊殿额"宝地珠林"，并写有《显通寺》诗。此图选自《西巡盛典》第十五卷。

大显通寺一角

来源 王雷

大显通寺额

来源 王雷

康熙三十三年（1694），康熙帝为大显通寺题额"灵峰胜境"。

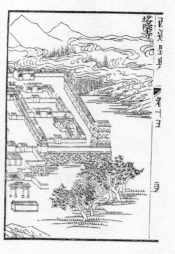

320

《大塔院寺图》

来源 （清）董浩等：《西巡盛典》，嘉庆十七年（1812）
武英殿聚珍版印本

　　大塔院寺在灵鹫峰下，明永乐中建，亦名大
宝塔寺。万历年间重建。内有佛舍利塔、左有文
殊发塔、佛足碑、后殿有转轮、藏缨络、周垂绚
以金碧朱轮、潜运圜转如飞。康熙年间，康熙帝
赐额"景标清汉"。乾隆十五年（1750），乾隆帝赐
额"揽妙鬘云"。嘉庆十六年（1811），嘉庆帝西巡、
御书释迦殿额"尊胜法幢"，并写有《宝塔院》诗。
此图选自《西巡盛典》第十五卷。

321

大塔院寺白塔

来源 王雷

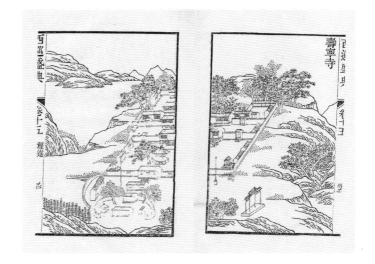

322

《寿宁寺图》

来源 （清）董浩等：《西巡盛典》，嘉庆十七年（1812）
武英殿聚珍版印本

寿宁寺在中台 30 里，建于唐代。康熙年间，康
熙帝赐额"白毫光现"。乾隆十二年（1747），乾隆
帝赐额"善超诸有"。嘉庆十六年（1811），嘉庆帝
西巡，御书文殊殿额"圆成方广"，并写有《寿宁
寺》诗。此图选自《西巡盛典》第十五卷。

323

五爷庙

来源 王雷

五爷庙本名万佛阁，原是塔院寺属庙，与大
白塔相毗邻，创建于明代，清代重修。

324

《三世章嘉呼图克图茹必多吉像》唐卡

年代　清乾隆
作者　佚名
收藏单位　故宫博物院

　　章嘉呼图克图是清代四大活佛之一，在清朝的政治和宗教生活中起过重要作用。他是京师、五台山以及内蒙古地区藏传佛教格鲁派的最高领袖，深得乾隆帝的信任与尊重。乾隆五十一年（1786）四月初二日，三世章嘉活佛在五台山圆寂。此唐卡是三世章嘉圆寂的当年，乾隆帝命中正殿画佛喇嘛绘制的。

三

礼佛深意

孝庄文皇后便服像

年代　清康熙

作者　佚名

收藏单位　故宫博物院

孝庄文皇后（1613—1687）是康熙帝的祖母，不仅崇佛、笃信喇嘛，而且还会参禅。她又是清初一位有影响的政治家，深深懂得尊崇藏传佛教，可以更好地怀柔蒙古和西藏。所以，康熙帝第一次西巡时，就是为孝庄文皇后建延寿道场。康熙帝第二次西巡时，孝庄文皇后尽管已经七十多岁了，还是不辞艰辛，积诚瞻礼五台圣境。

中正殿

来源　故宫博物院文明

　　中正殿位于紫禁城内西北隅建福宫花园南。"中正殿"即是机构名，也是佛堂名，还是佛堂区名。中正殿佛堂区在紫禁城内西北角，计有中正殿、中正殿东、西配殿、后殿、香云亭、宝华殿、梵宗楼、梵华楼、雨花阁、雨花阁东配楼、西配楼共十处。其中前五处已毁于 1923 年 6 月 26 日夜的一场大火，后五座至今保存完好，部分原状受到破坏。清代这里是清宫最早的佛堂之一，大量西藏和蒙古地区的佛像、绘画都供奉在这里。2012 年 12 月 4 日，中正殿遗址复建工程竣工。该图为复建后的中正殿局部。

雨花阁

来源　故宫博物院文明

　　雨花阁，密宗神殿，中正殿佛堂区的一部分，建于乾隆十四年（1749）。楼内四层按密宗四部配置神像，主供大威德、上乐、密集三大主尊。这里有举世无双的三大主尊巨型珐琅坛城，并有众多的佛像、唐卡、法器等佛教艺术珍品。

雨花阁一层正中佛龛供案

来源　故宫博物院林欢

　　雨花阁内部的布局和陈设，是在三世章嘉活佛指导下完成的。图为一层明间正中所供紫檀木单檐歇山顶式三连佛龛。

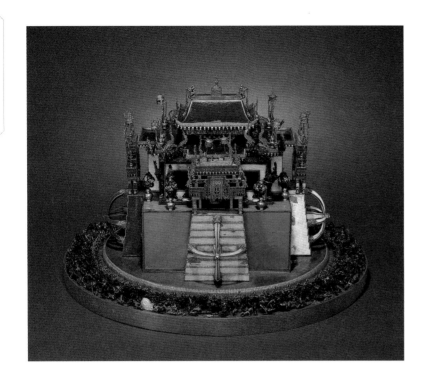

 329

大威德金刚坛城

年代 清乾隆

收藏单位 故宫博物院

坛城，梵文音译为"曼陀罗"或"曼达"，是用以表现诸神的坛场、宫殿的重要供器。此件坛城选材贵重、工艺精美，供奉于雨花阁。

330

香云亭

来源 故宫博物院文明

香云亭也称金塔殿，位于中正殿与宝华殿月台的中间，是一个过渡性质的建筑。北面正对中正殿正门，南面与宝华殿后抱厦相望，平面呈四方形，但每面各出抱厦。其平面结构与佛教曼陀罗的结构一致。此图为香云亭外观。

331

宝华殿

来源 故宫博物院文明

宝华殿是中正殿佛堂区的一部分，主供释迦牟尼佛。该殿坐北朝南，面阔三间，进深一间，黄琉璃瓦歇山式顶，后檐明间接抱厦一间，整体建筑呈"凸"字型，与北面前檐出厦的中正殿遥相呼应，成南北对称格局。该图为宝华殿远景。

332

宝华殿院落

来源 故宫博物院文明

宝华殿明间设四方铜镀金大龛一座，内供金胎释迦牟尼佛一尊。龛前供案上供观音菩萨和阿弥陀佛铜像。东、西次间沿墙供案上亦陈设佛像、供器。这里的日常佛事活动主要是喇嘛诵经和设供献等。清代皇帝每年数次到这里拈香引礼。宝华殿前为一广场式院落，院中央洁白的汉白玉石须弥座上置"大清乾隆乙巳年造"款三足宝鼎青铜大香炉一座，靠北东西各竖汉白玉石基座幡杆一根。该图为宝华殿院落远景。

333

梵宗楼

来源 故宫博物院文明

　　梵宗楼系中正殿佛堂区的一部分，在雨花阁西北，是一座倚墙而建的三开间卷棚歇山顶二层小楼，建于乾隆三十三年（1768），在中正殿佛堂区中建筑最晚。此楼体量很小，偏于一隅，但其所供奉的主神地位崇高。一楼供文殊菩萨青铜坐像，高 110 厘米，座宽 70 厘米。二层供文殊化身大威德金刚青铜像，高 172 厘米，座宽 135 厘米。此二像为清宫中最大的文殊造像和大威德造像。二楼陈设狼皮、貂皮、虎皮、黄狐狸皮、猞猁皮等多种兽皮扁幡；铜镀金龙纹红漆箱两只，内分别供皇帝龙袍、衣饰与盔甲；兵器架两个，供刀枪弓箭。这些供器意在讲大威德金刚作为战神奉祀。图为梵宗楼外景。

334

《乾隆帝扎什伦布佛装像》唐卡

年代 清乾隆
作者 佚名
收藏单位 故宫博物院

　　乾隆帝把自己喻为佛教中"文殊"的化身，命宫中画佛喇嘛与宫廷画家合作，绘制多幅自己扮作文殊菩萨的唐卡，表示自己不仅是人间的帝王，也是佛界的主宰者之一，寓有深刻的政治含义。该图正中端坐者为乾隆帝。

335

《乾隆帝写经》轴

年代　清乾隆
作者　佚名
收藏单位　故宫博物院

乾隆帝对佛学有很深造诣，平日里以写经自修。
该图为青年乾隆帝在贝叶上提笔写经的肖像画。

336

御书《般若波罗蜜多心经》

年代　清前期
书写者　（清）弘历
收藏单位　故宫博物院

各地官员知道乾隆帝有写经文的习惯，便献
上一些具有特殊意义的写经材料。该图是乾隆帝
在两广总督杨廷璋处搜集到的广州光孝寺千年菩
提树叶上书写的《般若波罗蜜多心经》。卷首墨绘
观音大士坐像，卷尾绘韦驮像。

鲁

豫

篇

　　山东省简称鲁，河南省简称豫，这两省土地辽阔，人口众多，既有名山大川，又是文化发达地方。康熙帝、乾隆帝观风问俗，祭祀孔子，巡幸的足迹也留在了鲁、豫大地上。

　　康熙帝六次南巡中，康熙二十三年（1684）第一次南巡，当年十月初十日登上泰山最高顶；十一日，在东岳庙祭祀了泰山神。十一月十八日，回銮途经山东曲阜时，举行了隆重的祭孔典礼。康熙帝还遣礼部尚书等往曲阜的周公庙读文致祭。康熙二十八年（1689）第二次南巡，正月十七日，康熙帝在泰山麓向岱宗行礼，并谕令出资整修上下岳庙和元君诸祠。康熙三十八年（1699）第三次南巡回銮，御舟泊仲家闸时，康熙帝御书"圣门之哲"匾额，命挂子悬于路庙，还赐衍圣公孔毓圻御书匾额。康熙四十二年（1703）正月第四次南巡，康熙帝再次登上泰山祭祀，驻跸宿迁县司吾驿时，遣大学士熊赐履祭先师孔子。康熙四十六年（1707）第六次南巡，御舟泊恩县方阡时，遣大学士席哈纳祭先师孔子。

　　在六次南巡中，乾隆帝于乾隆十六年（1751）第一次南巡回銮从陆路至泰安，祀岱庙拈香。乾隆二十二年（1757）第二次南巡回銮到曲阜谒孔林，亲祭孔子。乾隆二十七年（1762）第三次南巡回銮时到邹县祭孟子庙，再到孔庙行礼，谒孔林，登泰山，至玉皇顶拈香。乾隆四十五年（1780）第五次南巡经过山东时，乾隆帝派遣官员祭祀了周公和孔子。乾隆四十九年（1784）第六次南巡在曲阜谒见孔子庙。此外，乾隆帝还在乾隆十三年（1748）二月、二十一年（1756）

二月、三十六年（1771）二月、四十一年（1776）二月、五十五年（1790）二月，专门五次东巡山东，拜谒岱庙，祭祀孔子。

康熙帝和乾隆帝出巡山东，主要是祀岱祭孔；当然，也有省方问俗、考查吏治的内容。祀岱，就是通过祭祀泰山，感谢上天的"授命"之恩，求得国家的富强和百姓生活的安定，同时也表示自己统治的合法性。祭孔，就是祭祀孔子，这与清朝实行崇儒重道的文化教育政策有密切关系。崇儒重道，即崇孔尊朱，提倡理学，以儒家思想作为全社会的指导思想。崇儒重道首先表现为崇孔尊朱。康熙帝、乾隆帝多次到山东曲阜祭孔，通过这一行动，进一步拉拢了广大汉族知识分子，稳定了对全国的统治。

清朝皇帝出巡河南，只有乾隆帝一次。乾隆十五年（1750）八月，乾隆帝奉皇太后谒陵，并出巡河南省方问俗。出巡中，乾隆帝到彰德府文庙行礼，还到了精忠庙，遣官祭祀了关帝庙，又到了百泉书院、嵩阳书院，还到了中岳庙致祭，登上了嵩山。

康熙帝、乾隆帝的鲁豫行，有利于当地文化教育的发展。

赴鲁程途

337

《涿州行宫图》

来源　（清）高晋：《南巡盛典》，乾隆三十六年（1771）
　　　武英殿刻本

涿州行宫在直隶（今河北省）涿州城南，涿州是古涿鹿城。乾隆十六年（1751）修行宫，总体布局为左、中、右三路。中路为行宫主体建筑，沿中轴线由南向北依次排列为宫门、二门、假山、正殿、游廊、丘山、花园等建筑。左路为太后宫，右路为皇后宫。两路又各有殿、阁、轩、楼等建筑。行宫内假山叠景，古柏参天，楼榭重重，清雅幽深。乾隆帝赴山东都在此行宫驻跸。此图选自《南巡盛典》第九十五卷。

338

《紫泉行宫图》

来源　（清）高晋：《南巡盛典》，乾隆三十六年（1771）
　　　武英殿刻本

紫泉行宫在直隶新城县西南，其西北15里有紫泉，旧名紫渊。乾隆十六年（1751）修行宫。行宫周围碧水环绕，画舫风亭，清幽飒爽；埭旁植修竹，拳石秀峙，分外雅静。乾隆帝赴山东，每次都在此驻跸。此图选自《南巡盛典》第九十五卷。

339

《赵北口行宫图》

来源　（清）高晋：《南巡盛典》，乾隆三十六年（1771）
　　　武英殿刻本

赵北口行宫在直隶任邱县北50里，旧称赵堡口，坐西朝东，三面环水，建于康熙年间。赵北口行宫地处东淀、西淀（白洋淀）交汇咽喉，界分燕、赵。十二连桥通南北御路，是京畿南下必经之路，素为军事要冲。赵北口行宫建有大殿五间，皇后宫三间，太后宫三间，军机处三间，差办房三间，膳房三间，配房两处六间，东南有坐辇处，西建御花园，东大门前建石坊一座。从行宫向西遥看，悠悠淀水潺潺东来，南观十二连桥，如巨龙腾起。乾隆帝赴山东，在此驻跸。此图选自《南巡盛典》第九十五卷。

340

《思贤村行宫图》

来源 （清）高晋：《南巡盛典》，乾隆三十六年（1771）
武英殿刻本

思贤村行宫在直隶任邱县南10里，即四善村，
汉太傅韩婴故居。乾隆二十七年（1762），在旧宇
修葺为驻跸之所。乾隆帝去山东，每次均在此驻
跸。此图选自《南巡盛典》第九十五卷。

341

《太平庄行宫图》

来源 （清）高晋：《南巡盛典》，乾隆三十六年（1771）
武英殿刻本

太平庄行宫位于直隶河间县南15里处，旧
有毛公祠，毛公即《后汉书·儒林传》中的毛苌。
乾隆二十七年（1762）春，乾隆帝经过此处，谕
令在此修建行宫，碧瓦红墙，不事雕琢，有进深
三层院落的宫殿数座和值房等，另有花园、牌坊
和陪同官员的公馆。花园内有毛公讲诗台、金鱼
池、平湖秋月、别有洞天、湖山在望等景点。此
图选自《南巡盛典》第九十五卷。

342

《红杏园行宫图》

来源 （清）高晋：《南巡盛典》，乾隆三十六年（1771）
武英殿刻本

红杏园行宫在直隶献县南30里，河间献王日
华宫旧址，明为王注别墅，环植红杏数百株，故
名。乾隆十六年（1751），乾隆帝南巡途经此地，
看到红杏园面临滹沱河，常年流水，春天杏花盛
开，群芳争艳，遂改建为行宫。行宫周围缭以墙
垣，有宫门、正殿、池塘、平台、水亭、长桥等
建筑。长桥如月形，故名"月桥"。行宫院内回廊
曲径，屏门宫垣，皆与池塘、水亭相连。池内植
有菰蒲荷菱之属，池边植有柳、槐等树木，园内
植有几百株杏树，尤为繁茂。乾隆帝写有《红杏
园诗》多首。此图选自《南巡盛典》第九十五卷。

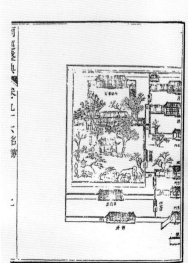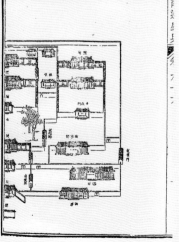

343

《绛河行宫图》

来源 （清）高晋：《南巡盛典》，乾隆三十六年（1771）
　　　武英殿刻本

　　绛河行宫在直隶景州城西北。这里有绛河流
过，树木成林、百草丰茂，环境十分幽雅。乾隆
年间修建行宫，各堂室之间由回廊连接，又有虹
桥流水，月影岚光，乾隆帝十分欣赏，曾写诗多
首赞誉。此图选自《南巡盛典》第九十五卷。

344

《开福寺行宫图》

来源 （清）高晋：《南巡盛典》，乾隆三十六年（1771）
　　　武英殿刻本

　　开福寺行宫在直隶景州西北，原为明代的旧
庙，名千佛寺。该寺层檐叠架，宽敞高大，施
以彩绘，寺前有隋朝修建的十三层古塔。康熙
四十五年（1706），康熙帝在此驻跸，修建行宫。
后来，乾隆帝南巡或去山东，也多次驻跸在此。
此图选自《南巡盛典》第九十五卷。

345

《德州行宫图》

来源 （清）高晋：《南巡盛典》，乾隆三十六年（1771）
　　　武英殿刻本

　　德州行宫在山东德州南门外，古广川地，汉
儒董仲舒故里。行宫建于乾隆二十一年（1756）。
这里川原旷衍，林木丛茂，景色极佳。行宫呈正
方形，主要建筑有大宫门、二宫门、正殿、寝殿、
佛堂等。御花园内有山石花木，又有凉亭名"四
明亭"。乾隆二十二年（1757）之后，乾隆帝多
次出巡路经德州，有五次驻跸德州行宫，并写
《德州行宫示山东大小官吏》七律诗一首，以"未
敢深宫自晏居，万民得所乐宁如"的诗句告诫山
东大小官吏。此图选自《南巡盛典》第九十六卷。

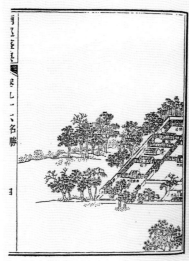

346
《晏子祠行宫图》

来源　(清)高晋:《南巡盛典》,乾隆三十六年 (1771)
　　　武英殿刻本

　　晏子祠行宫在山东齐河县西北,地名晏城,春秋时齐国大臣晏婴的采食地,后人建祠祭祀。乾隆年间,在祠的西边建行宫,以供皇帝驻跸。乾隆四十九年 (1784) 正月,乾隆帝最后一次南巡,经过德州时,在晏子祠行宫写成了《济水考》一文。此图选自《南巡盛典》第九十六卷。

347
《灵岩寺行宫图》

来源　(清)高晋:《南巡盛典》,乾隆三十六年 (1771)
　　　武英殿刻本

　　灵岩寺行宫在山东长清县东南 90 里,乾隆二十一年 (1756) 建。灵岩山一名方山,上有六泉,下有灵岩寺,峰壑秀美,是拜谒泰山的必经之地。乾隆帝多次在此驻跸。此图选自《南巡盛典》第九十六卷。

348
《泰岳行宫图》

来源　(清)高晋:《南巡盛典》,乾隆三十六年 (1771)
　　　武英殿刻本

　　泰岳行宫在山东泰安县北的泰山上。因为泰山从麓到顶有 48 里,经过十八盘,特别是南天门十八盘处非常险峻,非架木桥不能过。乾隆二十二年 (1757),乾隆帝曾谕示:"登山路径,或乘马,或用山舆,即缓步而行,亦何不可? 不必搭架天桥,致多竭蹶。"结果他两次登泰山,都是策马而上,不日而返。尽管如此,山东巡抚阿里衮率领济南知府明德等属员还是修建了行宫,供乾隆帝登泰山时驻跸。从图中可以看到泰山行宫的位置,以及泰山的险峻。此图选自《南巡盛典》第九十六卷。

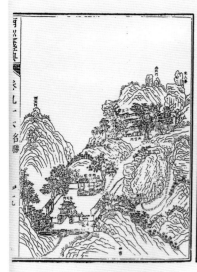

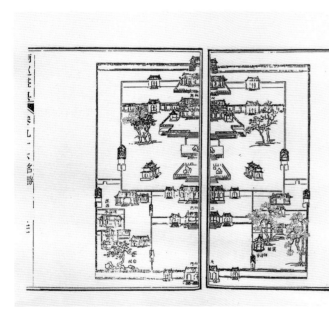

 349

《岱顶行宫图》

来源 （清）高晋：《南巡盛典》，乾隆三十六年（1771）
武英殿刻本

　　登泰山，自南天门而上，出盘道之后，道路
变得平坦，直到岱顶。乾隆十二年（1747），山东
巡抚阿里衮等在此处修建行宫，供皇帝驻跸。乾
隆帝在此坐观云起，触石而出，肤寸而合，倏忽
万状，恍若银海，御题"云巢"二字。此图选自
《南巡盛典》第九十六卷。

 350

《岱庙行宫图》

来源 （清）高晋：《南巡盛典》，乾隆三十六年（1771）
武英殿刻本

　　岱庙行宫在泰安府治之西。雍正七年（1729），
岱庙奉敕重修，规制秀丽。在宫殿西边，旧有环
咏亭，历代游人题咏者，勒石亭壁。地方官便在
旧址上修建行宫，供皇帝休息。其东有汉柏，离
奇轮囷，苍古可爱；乾隆帝御制《汉柏诗》，更
增加了游人的雅兴。此图选自《南巡盛典》第
九十六卷。

351

《四贤祠行宫图》

来源 （清）高晋：《南巡盛典》，乾隆三十六年（1771）
武英殿刻本

　　四贤祠行宫在山东省泰安县西南魏家庄。所
谓四贤，即宋臣胡瑗、孙复、石介、孔道辅四
人。泰郡名迹，都依山取胜，到这里则土地平
旷，林木郁葱。地方官在此处修建行宫，以供皇
帝休息。行宫修建时，乾隆帝命不侈雕镂，不崇
彩饰，以同四贤祠相符合。此图选自《南巡盛典》
第九十六卷。

《古泮池行宫图》

来源 （清）高晋：《南巡盛典》，乾隆三十六年（1771）
　　　武英殿刻本

　　古泮池位于山东省曲阜县东南隅，始建于周
代，传为孔子课余与弟子游憩之处，是鲁僖公办
学的遗址。古代诸侯学校设半圆形水池，名泮
池。西汉时泮池成为灵光殿建筑群的一部分，东
汉末年，灵光殿被毁，泮池废弃。明成化年间
（1465—1487），六十一代衍圣公孔弘绪整修为别墅。
乾隆二十一年（1756），改建为行宫。乾隆帝南巡，
多次在此驻跸，并写有《古泮池证疑》一文。此
图选自《南巡盛典》第九十六卷。

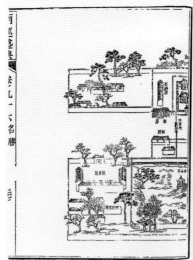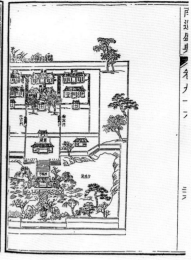

《泉林行宫图》

来源 （清）高晋：《南巡盛典》，乾隆三十六年（1771）
　　　武英殿刻本

　　泉林行宫在山东省泗水县东 50 里。泗水出自
陪尾山之阳，四泉并发，故谓泗水。在泗水左右，
有泉数十，互相灌输，合而成流，故又名泉林。
相传为"子在川上"处。康熙二十三年（1684），
康熙帝临幸此地，御制记文勒之碑石。后来盐务
大臣在御碑亭后修建行宫。乾隆帝在此驻跸时，
赐以嘉名，为近圣居、在川处、镜澜榭、横云馆、
九曲约、柳烟波、古荫堂、红雨亭，号为八景，
并各赋诗章。此图选自《南巡盛典》第九十六卷。

《万松山行宫图》

来源 （清）高晋：《南巡盛典》，乾隆三十六年（1771）
　　　武英殿刻本

　　万松山行宫在山东省费县东北 10 里。蒙山前
阳口山有玉皇观，是老子的故居。阳口山即万松山。
这里悬崖高耸、峭壁如削、陡岩危立、玲珑峻峭、
树木葱笼、云蒸霞蔚，气势壮观；祊、浚两河夹绕
南北，成千顷碧波，万松山突兀于碧波之中。乾隆
二十九年（1764），布道抚臣爱必达命沂州知府李
希贤在此修建行宫。行宫位于山巅，坐北面南，依
山势而建，结构严谨，设计精巧，分东西两院，各
为四进。东院自南而北依次有朝房、大宫门、二宫
门、前殿、寝殿、观山楼、望河亭等；西院自南而
北依次是军机房、值事房、宫门、前殿、前后寝殿
及花亭等。行宫富丽堂皇，与万松山旖旎的风光相
辉映，胜似神宫仙阙。乾隆帝非常喜欢，曾两次在
此驻跸，并站在望河亭赋诗一首："郑宛归鲁泰山
祊，因以河名出大筐。清浚合流波益浩，万松就在
水中央。"此图选自《南巡盛典》第九十六卷。

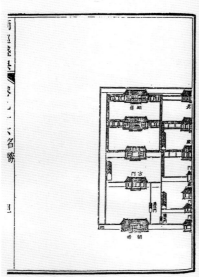
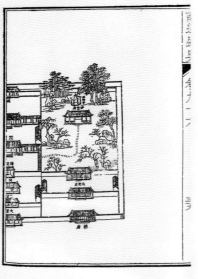

355

《郯子花园行宫图》

来源 （清）高晋：《南巡盛典》，乾隆三十六年（1771）
　　　武英殿刻本

　　郯子花园行宫在山东省郯城县城外里许，即
古郯子国。春秋襄公七年郯子来朝，孔子所从问
官的地方。其地林木苍郁，相传为郯子花园。乾
隆二十七年（1762），地方官修建行宫，供乾隆帝
驻跸。乾隆帝谕示，该行宫修建要规模简朴，不
置亭台楼阁等景点。此图选自《南巡盛典》第
九十六卷。

356

《光岳楼行宫图》

来源 （清）高晋：《南巡盛典》，乾隆三十六年（1771）
　　　武英殿刻本

　　光岳楼在山东省东昌府城中，高耸入云，视
野开阔。有人说从这里可以远望岱岳，故名光岳
楼；也有人说是意取三光而齐五岳。其兴建年
代已无可考。康熙帝四次登楼，并题写"神光钟
瑛"匾。乾隆帝九过东昌，六登光岳楼。其中一
次是乾隆三十年（1765），乾隆帝南巡，由水道回
銮，在此驻跸，登临其上，并题匾赋诗。此图选
自《南巡盛典》第九十六卷。

二

祀岱

357

泰山图

来源　王雨田

　　泰山位于山东省中部，属清山东省济南府泰安州（今山东省泰安市），绵亘于泰安、济南、淄博三市之间，东西长约 200 千米，南北宽约 50 千米。主峰玉皇峰，在泰安市城区北，贯穿山东中部，主脉、支脉、余脉涉及周边十余县，海拔 1533 米。上有封禅台、五大夫松。其石亭曰"高山流水"，亭之旁为曝经处。此图为泰山全景。

(358)

《五岳图卷·泰山》

年代　明
作者　（明）宋旭
收藏单位　故宫博物院

　　宋旭（1525—1606），字初阳、号石门，后
出家为僧，法名祖玄，号天池发僧、景西居士等。
浙江嘉兴人。后寓居松江（今上海市），为书画僧。
他善书画山水、兼工人物、佛像和诗文。《五岳图
卷》描绘的泰山，是其代表作之一。该画体现了
明代文人画诗、书、画相结合的时代特色，不求
形似，唯求达意，具有沉郁苍茫的风韵。

359

《泰山志》

年代　清前期
作者　（清）金棨
收藏单位　故宫博物院

嘉庆十三年（1808），金棨编撰《泰山志》
二十卷。分天章记、盛典记、图考、岱志、支山
志、川泉志、祠庙志、秩祀志、封禅志、郡邑志、
人物志、进食记、逸事记、叙录等门，比较全面
地记述了泰山各方面的情况。

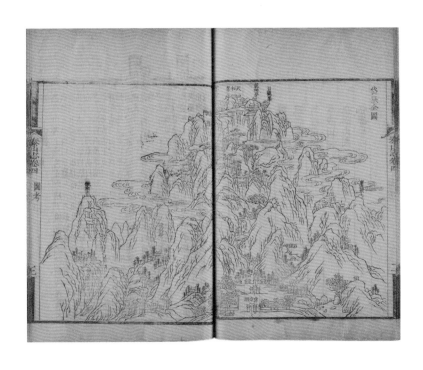

360

《五大夫松》轴

年代 清前期
作者 （清）张若霭
收藏单位 故宫博物院

　　五大夫松位于云步桥北侧的五松亭旁。盘路至此，有石坊赫然而立，额题"五大夫松"。坊西有古松，又称"秦松"，"秦松挺秀"为泰安八景之一。五松亭旁有乾隆帝御制《咏五大夫松》摩刻。张若霭（1713—1746），祖父张英、父亲张廷玉分为雍正、清乾隆大学士。他是雍正十一年（1733）癸丑科殿试金榜中二甲一名进士，未散馆特授编修，后雍正帝亲授其为内阁学士、礼部侍郎，入值南书房，官至礼部尚书。曾参与《石渠宝笈》的编辑工作。张若霭善书，工画花竹、禽虫；乾隆十一年（1746），随乾隆帝西巡，回京后画《五大夫松》轴。

361

泰山曝经处

来源 王雨田

　　曝经处又称经石峪，又名《泰山佛说金刚经》摩崖石刻，在泰山斗母宫东北中溪东侧一片大石坪上刻有《金刚经》文。宋称石经谷，明称石经峪，清改称经石峪，又曰"曝经台"。字径50厘米，其大如斗，向称"大字鼻祖""榜书第一"。泰山经石峪，刻于北齐天保间，字体介于隶楷之间，存九百六十余字，是现存摩崖石刻中规模空前的巨制。通篇文字气势磅礴，用笔安详从容，风神澹泊、雍荣大度，结体奇特斜倚相生，充满个性。经石峪面积两千多平方米，是泰山最大的石刻，规模之巨，也堪称"天下第一"。图中是"经石峪"石坊。康熙帝、乾隆帝登泰山，都曾到达这里。

362

南天门

来源　王雨田

南天门位于泰山十八盘的尽头，海拔 1460 米，古称"天门关"。它建在飞龙岩与翔凤岭之间的低坳处。元代初年，布山道士张志纯创建。门为阁楼式建筑，石砌拱形门洞，额题"南天门"。门侧有楹联曰："门辟九霄仰步三天胜迹，阶崇万级俯临千嶂奇观。"康熙帝、乾隆帝登泰山，曾经过这里。

363

泰山玉皇顶

来源 王雨田

　　玉皇顶是泰山主峰之巅，因峰顶有玉皇庙而得名。玉皇庙始建年代无考，明成化年间（1465—1487）重修。主要建筑有玉皇殿、迎旭亭、望河亭、东西配殿等，殿内祀玉皇大帝。神龛上匾额题"柴望遗风"，说明远古帝王曾在此燔柴祭天、望祀山川诸神。殿前有"极顶石"，标志着泰山的最高点。极顶石西北有"古登封台"碑刻，说明这里是历代帝王登封泰山时设坛祭天之处。康熙帝、乾隆帝曾来到这里祭祀。

364

泰山碧霞祠

来源 王雨田

　　碧霞祠是泰山顶上最有特色的一组规模宏大的古代建筑群。它是道教女神碧霞元君的上庙，为宋真宗赵恒于大中祥符元年（1008）十月登泰山祭天后的第二年所修建，名"昭真祠"。金称昭真观，明洪武中重修号碧霞元君，成化、弘治、嘉靖年间拓建，额曰"碧霞灵佑宫"。万历年间改为碧霞宫，清始称碧霞祠。殿内高悬"福绥海宇"匾额，为雍正帝御书；门外额曰"赞化东皇"，为乾隆帝御书。碧霞祠于乾隆五年（1740）六月二十四日遭火灾，乾隆帝命内务府员外郎江都重建。三十五年（1770），又命内务府大臣刘浩重建，都有御制碑文记其事。康熙帝、乾隆帝登泰山，曾在此处流连。

365

古登封台

来源 王雨田

　　封禅是古已有之的礼仪。泰山上筑土为坛以祭天，报天之功，故曰"封"；泰山下小山上除地，报地之功，故曰"禅（蝉）"。古登封台在泰山极巅，为七十二君封台，台右有碣，题"古登封台"四字。今极顶玉皇庙内有《古登封台碑》，乾隆三十五年（1770）立。

366

五岳独尊刻石

来源 王雨田

　　"五岳独尊"刻石位于泰山极顶玉皇庙东南。泰山是历代帝王、文人墨客的往来胜地，留下了众多文物古迹。除了庙宇、塑像之外，山上共有两千多处摩崖石刻，其中"五岳独尊"刻石成为泰山的标志。

367

泰山岱庙

来源　王雨田

泰山岱庙旧称东岳庙或泰山行宫，位于泰山
南。它是泰山最大、最完整的古建筑群，为道教
神府，是历代帝王举行封禅大典和祭祀山神的地
方。康熙帝、乾隆帝出巡山东，曾到这里祭祀。
此图是泰山岱庙局部。

368

岱庙乾隆御碑亭

来源　王雨田

岱庙乾隆御碑在岱庙天贶殿前露台西侧碑亭内。
碑高 185 厘米，宽 110 厘米。碑首高 80 厘米，圆首。
碑阳刻《谒岱庙作》诗一首，计六行，满行 14 字，
字径 8 厘米。碑阴题《谒岱庙六韵》，计七行，满
行十五字，字径 8 厘米。

369

岱庙天贶殿

来源　王雨田

　　天贶殿是岱庙的主体建筑，为东岳大帝的神宫。殿面阔九间，进深四间，通高 22 米，面积近 970 平方米。为重檐庑殿式，上覆黄琉璃瓦。康熙帝、乾隆帝出巡山东，曾到这里祭祀。

370

岱庙坊

来源　王雨田

　　岱庙坊又名玲珑坊，是康熙十一年（1672）山东布政使施天裔创建。坊高 12 米，宽 9.8 米，深 3 米，为四柱三门式。坊起三架，重梁四柱通体浮雕。四柱前后流通墩上雕有八个石狮，姿态各异；重梁四柱刻有"丹凤朝阳""二龙戏珠""群鹤闹莲""天马行空"等二十余组形象逼真的祥禽瑞兽和各式花卉纹样。整座石坊造型别致，刻镂透细不凡，为石雕艺术中的珍品。康熙帝、乾隆帝出巡山东，曾经过这里。

岱庙铜亭

来源　王雨田

岱庙铜亭又名"金阙"，位于岱庙内东北隅的台基上。亭系铜铸件，仿木结构，重檐歇山式。明万历年间（1573—1620）始建于岱顶碧霞祠内，称金殿。康熙帝、乾隆帝祀岱曾来到这里。

372 乾隆帝《登泰山作》诗

来源　《清高宗御制诗三集》卷二十四

乾隆帝在诗中评说了历史人物，讲述了自己历次登泰山的情况，抒发了愉悦的心情，表达了希望天下太平、百姓安居乐业的心愿。

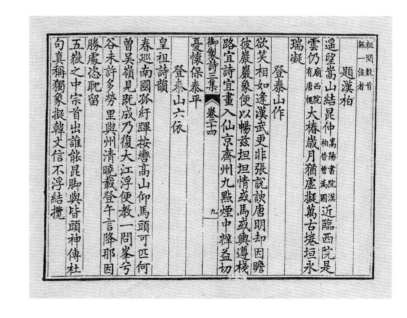

373

曲阜孔庙大成殿

来源　故宫博物院林欢

公元前478年，孔子去世后，鲁哀公将其生前住宅改为庙。唐代称文宣王殿。宋崇宁三年（1104），徽宗赵佶下诏更名为"大成殿"。清雍正二年（1724）重建，九脊重檐，黄瓦覆顶，雕梁画栋，八斗藻井饰以金龙和玺彩图，双重飞檐正中竖匾上刻雍正帝御书"大成殿"三个贴金大字。殿高24.8米，长45.69米，宽24.85米，坐落在2.1米高的殿基上，为全庙最高建筑。康熙二十三年（1684）十一月，康熙帝在首次南巡途中，路经山东曲阜，亲至孔庙行三跪九叩礼。这是清朝统一全国后第一次引人注目的尊孔大礼。后来，康熙帝又书写"万世师表"匾额，悬挂在大成殿内。

374

曲阜孔庙"万世师表"匾额

来源　故宫博物院林欢

康熙帝亲自楷书匾额"万世师表"，下诏悬挂在孔庙大成殿梁上。从此，人们便称颂孔子是"万世师表"。

375

曲阜孔府内御笔匾额

来源 故宫博物院林欢

　　康熙帝亲自为孔府题写"节并松筠"四字，后被制成匾额悬挂在孔府二堂内。

376

《孔尚任引驾图》

年代　清康熙
作者　佚名
收藏单位　山东曲阜孔庙

　　孔尚任（1648—1718），字聘之，号东堂，为孔子六十四世孙，多才博学。康熙帝到曲阜祭孔时，他为康熙帝讲解《大学》，还为康熙帝引导观赏孔林圣迹，被破格提升为国子监博士。

377

曲阜孔林

年代　清康熙
来源　故宫博物院林欢

　　孔林位于山东省曲阜县城北4里，是孔子及后代子孙的墓地，桧柏森茂，黛色参天，广袤数10里，是世界上持续时间最长、保存最完整的家族墓地。康熙二十三年（1684），康熙帝曾到这里致奠；乾隆十三年（1748）、二十二年（1757）、二十七年（1762），乾隆帝也曾到这里致奠。

378

邹县孟庙亚圣殿

来源　故宫博物院林欢

　　孟庙是历代祭祀孟子的地方。亚圣殿是孟庙的主体建筑，曾多次修缮，现存的殿宇是康熙年间重建的。

邹县孟庙康熙帝御碑亭

来源　故宫博物院林欢

　　康熙二十六年 (1687)，康熙帝御书《孟子庙碑》立于孟庙之中，把孟子提高到亚圣的地位，进一步体现了尊孔崇儒的治国理念。该亭重檐歇山、琉璃瓦顶、平面呈方形。

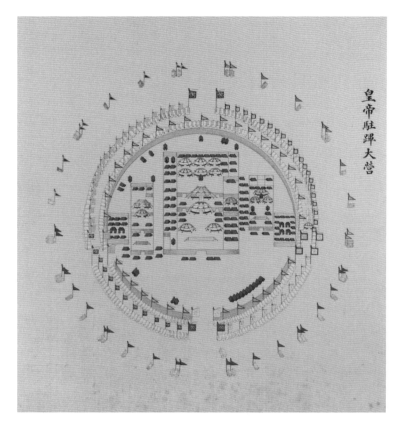

皇帝驻跸大营

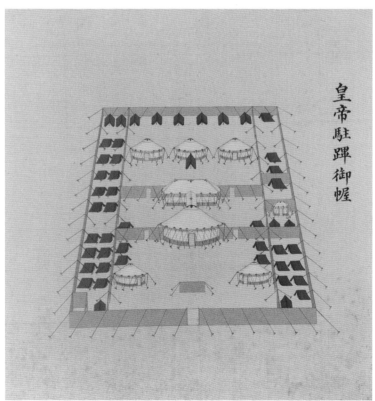

皇帝驻跸御幄

380

《皇帝驻跸大营图》

来源 （清）托津等：《钦定大清会典图》，嘉庆二十三
　　　年（1818）刻本

　　乾隆帝出巡河南，有的地方没有行宫，便驻
跸大营。大营内方外圆，中建黄幔城，外设网
城。设连帐一百七十五个，为内城。外设连帐
二百五十四个，为外城。各城设旌门不等。周围
设警跸帐。另有茶膳房帐、太监坐更帐等。图中
显现了各城帐的分布情况。此图选自托津等《钦
定大清会典图》第六十二卷。

381

《皇帝停跸顿营图》

来源 （清）托津等：《钦定大清会典图》，嘉庆二十三
　　　年（1818）刻本

　　乾隆帝出巡河南，有的时候需要停下休息，
即停跸顿营。届时度地纵横各2丈，设黄幔城，
外加网城，如大营之制。幔城中设圆幄，幄左右
设帐六，后设帐一，西北隅设帐一。图中是各城
帐的分布情况。此图选自托津等《钦定大清会典
图》第六十二卷。

正定隆兴寺大悲阁

来源　故宫博物院摄影师

　　隆兴寺位于直隶正定县城内，始建于隋开皇六年（586），原名"龙藏寺"。宋初，太祖赵匡胤敕令在龙藏寺内铸造铜佛像，高 73 尺，并盖大悲阁。清康熙四十七年（1708），在寺西侧增建行官。康熙四十八年（1709），又大规模维修和增建，并改龙藏寺为隆兴寺，御制碑文以记其事。乾隆帝出巡河南，途程中曾驻跸此处，有御制诗多首。

保定莲池书院

来源　河南省社会科学院万林

　　古莲花池是保定八景之一，称"涟漪夏艳"。初名雪香园，唐高宗上元二年（675）在临漪亭的基础上建立。元代汝南王张柔于 1227 年至 1234 年间，重新修筑城垣，引水入城，疏浚河道，重修莲池。因池内荷花茂盛，故名"莲花池"。清雍正十一年（1733），直隶总督李卫奉旨在莲池开办书院，一时间人才济济，扬名中外。乾隆十五年（1750），总督方观承复加修葺。乾隆帝出巡河南及西巡五台山，莲池又被辟为行官。乾隆帝御制有《莲池书院诗》及《莲池十二景诗》。图为莲池书院门额。

384

河南辉县百泉

来源 《江山多娇》（第二十三期），上海人民出版社，
　　　1984

　　书院是我国古代特有的教育组织形式，以私
人创办为主，将教学和研究、图书的收藏和校
对合为一体。百泉书院在辉县西北7里苏门山麓，
建于明朝成化十七年（1481）。乾隆十五年（1750），
乾隆帝来到百泉。泉水通过建在百泉游廊桥上的
闸门流向远方，图中左侧为乾隆帝的钓鱼亭。

385

辉县百泉乾隆御制诗碑拓片

来源 政协辉县市委员会文史资料委员会编：《百泉翰
　　　墨》，1996

　　乾隆帝在百泉写了《谒卫源祠》《题安乐窝》
两首诗和一首《奇树歌》，歌颂了以百泉为代表的
中州大地的秀美，强调了周、程理学的重要。其
中有云："驻跸苏门下，躬瞻清卫源。地灵神以妥、
派远物蒙恩。""前者周程后者朱，同归何碍却殊途。
深知天地理数蕴，不作语言文字儒。"

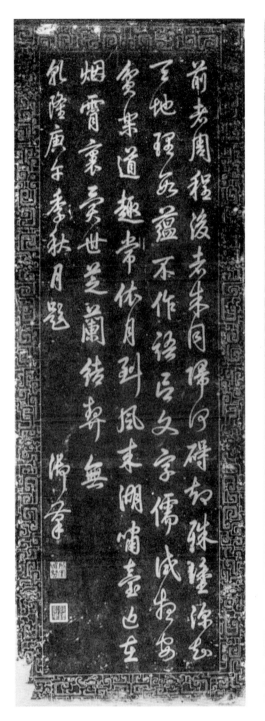

驟驛蘇門下船瞻清衛源地靈
神似妥派遠物蒙恩百顆珠呈琲一
泓月貯痕添渙潤葉生利澤永巾原
乾隆庚午九秋題　御筆

前志周程後志未同歸何得句珠隆淨去
王地程岳豈不作絕句又字儒成安安
愛衆道趣常依月到風末湖嘯壺也生
烟霄裏夔世茎蘭結宿無
乾隆庚午季秋月題　御筆

386

少林寺

来源　河南省社会科学院万林

　　少林寺位于河南省登封县嵩山少室山北麓五乳峰下，建于北魏太和十九年（495）。据传，印度名僧菩提达摩禅师曾驻锡于此。唐初，少林寺十三棍僧救过秦王李世民，贞观年间（627—649）重修少林寺。唐代之后僧徒在此讲经习武，禅宗和少林寺名扬天下。乾隆帝出巡河南，曾以此寺为行宫驻跸。图为少林寺山门。

387

嵩阳书院

来源　河南省社会科学院万林

　　嵩阳书院在河南省河南府登封县太室山麓，五代周时建，初名太室书院。宋至道初（约996），赐九经子史。景祐二年（1035），更名嵩阳，与睢阳、白鹿、岳麓号四大书院。明末倾圮殆尽。清康熙十三年（1674），知县叶封复建。十六年（1677），少詹士耿介增修。乾隆十五年（1750），乾隆帝到此处，有《御制嵩阳书院诗》。

388

弘历《嵩阳汉柏图》轴

年代　清乾隆
作者　（清）弘历
收藏单位　故宫博物院

　　乾隆帝御笔画《嵩阳汉柏图》轴，用金粟山藏经纸本作墨笔巨柏，直接霄汉。乾隆庚午为乾隆十五年（1750），乾隆帝四十岁。仿效尧禹舜巡狩"五岳"之典，专程安排了一次规模宏大的巡狩中岳活动。八月十七日，乾隆帝奉皇太后，并率亲王贝勒文武大臣巡幸河南。九月三十日赴嵩山。十月初一日，乾隆帝车驾东行至我国四大书院之一的嵩阳书院，观汉柏，眺嵩山诸峰。图中所书诗题为《汉柏行》，正是乾隆帝此次巡游嵩山所写十三首诗歌之一。

389

中岳庙

来源　河南省社会科学院万林

　　中岳庙是道教胜地，位于太室山东麓的华盖峰下，汉朝始建，原名"太室庙"，北魏时重建，改名为中岳庙。唐宋时多次扩建，规模宏大。明崇祯十四年（1641），中岳庙大殿毁于火；清顺治十年（1653）重建。殿内正座为五米高的中岳大帝塑像，经历代帝王加封为"崇圣大帝天中王"。乾隆帝出巡河南，到此庙致祭，并有《御制谒岳庙诗》二首。

390

河南登封少室石阙及嵩山远景

来源　河南省社会科学院万林

　　嵩山在河南省登封县北 5 里，古称外方，又名崧高、中岳、太室，是著名的风景胜地。嵩山是总称，由太室山和少室山等组成。太室山高 1494 米，少室山高 1512 米。嵩山雄峙中原，群峰耸立，层峦叠嶂，地处开封、洛阳之间，自古就是文人荟萃之地。乾隆帝出巡河南，登上嵩山之后，写了一首《登嵩山华盖峰歌》，并刻石山顶。此图为少室石阙及嵩山远景。

391

《五岳图卷·嵩山》

年代　明
作者　（明）宋旭
收藏单位　故宫博物院

　　此图绘制了嵩山的自然美景。作品采用浓淡相间、虚实对比的手法使画面层次分明。在构图上，画家运用了传统的平远构图法，景物近大远小，近实远虚，具较强的深远感。画面用笔粗犷，潇洒秀逸，笔力雄劲。

392

《登嵩山华盖峰歌》

来源 《清高宗御制诗二集》卷二十一

　　乾隆帝在诗中，叙述了他攀登嵩山的过程，道出了"无限风光在险峰"的真理，也描绘了嵩山华盖的神奇变幻。全诗语句平易，毫无雕饰造作之感。

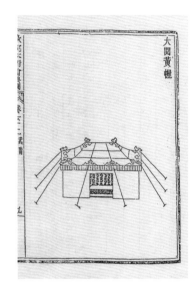

393

《皇帝大阅黄幄图》

来源 （清）托津等：《钦定大清会典图》，嘉庆二十三年（1818）刻本

　　乾隆帝出巡河南，在开封检阅了军队，以显示自己的统治力量。该图为《皇帝大阅黄幄图》。幄用黄布素裹，中施横梁为脊，梁两端承以柱，中设御座。用料尺寸和颜色都有严格规定。此图选自托津等《钦定大清会典图》第六十二卷。

京畿篇

　　临近京城的地区称京畿。从顺治帝开始，清朝皇帝在京畿地区往来匆匆；有时是全方位的出巡，有时只是巡视其中的某一地区。处于康乾盛世时期的康熙帝和乾隆帝，这方面的行动尤为突出。

　　清朝皇帝出巡京畿地区，包括四个方面内容：一是拜谒东西陵，二是南苑行围，三是盘山揽胜，四是天津阅河。

　　首先是拜谒东西陵。东陵指的是清朝在昌瑞山的陵寝，位于河北省遵化县城西北马兰峪附近的昌瑞山下，包括顺治帝的母亲孝庄文皇后的昭西陵、顺治帝的孝陵、孝惠章皇后的孝东陵、康熙帝的景陵、乾隆帝的裕陵等。西陵指的是清朝在永宁山的陵寝，位于河北省易县城西永宁山太平峪，这里有雍正帝的泰陵、孝圣宪皇后的泰东陵、嘉庆帝的昌陵、道光帝的慕陵等。清朝的谒陵制度规定，每年以清明、中元（七月十五日）、冬至、岁暮为四大祭。所以，拜谒东西陵，是清朝皇帝京畿行的重要内容。

　　其次是南苑行围。南苑，也称南海子。清朝建立后，沿袭了明朝制度，每年春冬，皇帝要到这里打猎，练习武功，锻炼军队。如果遇到军事行动，在出征前，部队要到这里集中，供皇帝检阅。南苑作为皇帝的御园、狩猎和阅军的场所，条件非常好。这里有水泉七十多处，树木茂盛，水草丰美，鹤、鸭、雁、雉等飞翔往复，獐、鹿、狐、兔等奔跑来去。不仅如此，南苑还有整齐的建筑物、完备的管理机构，既供皇帝使用，又可防止一般百姓私自闯入。

再次是盘山揽胜。盘山在蓟州（今天津市蓟县）城西 25 里，号称京东第一山。这里景色四季各异，每当春夏之交，山花烂熳，桃杏争妍。夏天雨后，层峦碧染，万壑堆青。秋尽冬初，百果飘香，红叶遍山。严冬时节，白雪皑皑，苍松点翠；另外，盘山山势雄伟险峻，山峰林立如削，非常奇特；远远望去，层峦叠嶂，崒嵂排空。盘山方圆百里，南距苍溟，西连太行，东放碣石，北负长城，人称仙佛胜区，天壤大观，的确是当之无愧的。

最后是天津阅河。天津位于海河流域下游，是海河五大支流南运河、北运河、子牙河、大青河、永定河的汇合处和出海口，有"九河下稍"之称。此外，天津地区还有许多沽和淀。这些河、沽、淀经常形成水患。有的河与淀通，易致淤塞；有的沽地势平衍，每遇暴雨，便群流涨溢，茫无际涯，造成很大危害。清朝皇帝巡幸天津，主要是为了阅视河堤淀闸，指示机宜，求得畿辅地区民生安全。

清帝出巡京畿地区，对于稳定统治、提高清军战斗力、减轻水患、改善民生、融洽民族关系，起到了一定作用。

拜谒东西陵

394

《孝庄文皇后朝服像》轴

年代　清前期
作者　佚名
收藏单位　故宫博物院

　　孝庄文皇后（1613—1687），姓博尔济吉特氏，内蒙古科尔沁部贝勒寨桑之女，被清太宗皇太极封为永福宫庄妃，死后谥号为孝庄文皇后。其子福临即位，尊为皇太后。顺治帝子玄烨即位，尊为太皇太后。她辅佐顺治帝、康熙帝两朝少年皇帝治理朝政，对清朝初年的政治生活产生了重大影响，也为清初的社会稳定发挥了重要作用。

395

昭西陵

来源　故宫博物院林欢

　　孝庄文皇后死于康熙二十六年（1687），享年七十五岁。灵柩停放在东陵暂安奉殿。雍正三年（1725），在暂安奉殿构建地宫入葬，名为昭西陵。这表明它与盛京的昭陵为一体，和东陵的体系不同。

《顺治帝半身朝服像》轴

年代　清前期
作者　佚名
收藏单位　故宫博物院

　　福临是清太宗皇太极第九子，生于明崇祯十一年（清崇德三年，1638）正月三十日，崇祯十六年（清崇德八年，1643）八月二十六日即皇帝位，年号顺治，以济尔哈朗、多尔衮辅理朝政。清军入关后，顺治元年（1644）十月初一日，顺治帝在皇极门内皇极殿（顺治二年改称太和门太和殿）登上皇帝宝座，举行隆重的定鼎登极典礼，颁即位诏于全国。他还亲至南郊，祭告天地，宣布正式代天受命，成为新一个朝代的天子。

孝陵

来源　故宫博物院林欢

　　顺治帝患了天花病，于顺治十八年（1661）正月初七日在皇宫内养心殿去世，终年二十四岁。灵柩在景山寿皇殿停放百日后火化。康熙二年（1663），顺治帝的"宝宫"（即骨灰坛）葬入孝陵，与孝康章皇后、端敬皇后合葬。这是清东陵的第一座皇陵。图为孝陵远景。

398

孝陵隆恩殿

来源 故宫博物院林欢

　　隆恩殿也称享殿，俗称大殿，是陵寝地面建筑中规模最大的，只有帝后的大殿才能称为隆恩殿。其规制大多数为重檐歇山顶、面阔五间，殿前月台上陈设铜鼎、铜鹤、铜鹿，环以青石白栏杆。后世皇帝在这里举行祭祀大典，缅怀先帝。

399

孝陵宝城、方城明楼

来源 故宫博物院林欢

　　宝城是帝王陵墓"地宫"上面的城楼。方城明楼是帝陵坟丘前的城楼式建筑，下为方形城台，上为明楼，楼中立庙谥碑。图中显示的是孝陵宝城、方城明楼远景。

400

孝陵神功圣德碑楼

来源　故宫博物院林欢

　　孝陵碑楼为重檐九脊歇山式建筑。楼内立康熙六年（1667）康熙帝所书"大清孝陵神功圣德碑"，碑面阴刻满汉两种文字，记述顺治帝一生的功绩。

401

孝东陵

来源　故宫博物院林欢

　　孝东陵顺治后妃园寝，埋葬着晚于顺治帝而死的二十九名后妃。后世皇帝祭祀孝陵，有时也到后妃园寝祭祀。

402

《老年康熙帝像》轴

年代　清康熙
作者　佚名
收藏单位　故宫博物院

康熙帝晚年因立储问题多费周折，弄得身心疲惫，极大地影响了身体健康，终于在康熙六十一年（1722）十一月十三日崩于畅春园寝宫，享年六十九岁。该图为康熙帝晚年的画像，一副年老体衰、疾病缠身的样子，而手中的佛珠似乎意味着他对重现当年英姿的渴望。

《孝诚仁皇后朝服像》轴

年代　清康熙
作者　佚名
收藏单位　故宫博物院

　　孝诚仁皇后（1654—1674），赫舍里氏，生允礽时难产而死，康熙帝悲痛万分，为她举行了隆重的葬礼。康熙二十年（1681）三月，景陵地宫建成，康熙帝亲自把她的灵柩安放地宫。这开创了关内清陵先葬皇后、后葬皇帝的先例，同时她也享受着后世皇帝的祭祀。

404

《孝昭仁皇后常服半身像》轴

年代　清康熙
作者　佚名
收藏单位　故宫博物院

　　孝昭仁皇后（1653—1678），钮祜禄氏，满洲镶黄旗人，辅政大臣遏必隆之女。入宫初册立为妃，康熙十六年（1677）八月，成为康熙帝的第二位皇后，不久病逝。康熙二十年（1681），灵柩安葬景陵地宫，享受后世皇帝的祭祀。

405

《孝恭仁皇后朝服像》轴

年代　清前期
作者　佚名
收藏单位　故宫博物院

　　孝恭仁皇后（1660—1723），乌雅氏，满洲正黄旗人。原为康熙帝德妃，康熙十七年（1678）生皇四子胤禛，二十七年（1688）生皇十四子胤禵。康熙六十一年（1722），雍正帝即位后，拟上徽号为仁寿皇太后，还未举行册尊典礼她便病逝。雍正帝为其生母上谥号"孝恭仁皇后"，并将梓宫与康熙帝一起葬入景陵，享受后世皇帝的拜谒。

406

《景陵图》

年代　清前期
作者　佚名
收藏单位　中国第一历史档案馆

　　景陵在孝陵的东南方向、全部仿孝陵建筑。景陵名及神功圣德双碑由雍正帝御定。该图全面展示了景陵的建筑格局。

407

景陵隆恩殿

来源　故宫博物院林欢

　　景陵隆恩殿重檐歇山顶、面阔五间、进深三间、前有月台，环以汉白玉石栏杆，殿内有暖阁三间、内供帝后神牌。每逢陵寝祭祀，均在殿内举行。图中显示的是景陵隆恩殿的远景。

408

景陵明楼

来源　故宫博物院林欢

　　景陵明楼前有石五供，明楼内树石碑，镌有"圣祖仁皇帝之陵"。该图为景陵明楼的远景。

409

景陵皇贵妃园寝明楼

来源　故宫博物院林欢

　　景陵皇贵妃园寝安葬的是康熙帝的两个妃子。悫惠皇贵妃（1668—1743）是孝懿仁皇后之妹，康熙三十九年（1700）册为贵妃。惇怡皇贵妃（1683—1768）初为和嫔，后晋和妃。康熙末年，她们二人受康熙帝嘱托，共同抚育皇孙弘历。乾隆帝登极后，为报答养育之恩，特意为她们单建了这座清代最高等级的妃园寝。乾隆帝多次到此祭祀。

《雍正帝朝服像》轴

年代　清雍正
作者　佚名
收藏单位　故宫博物院

　　雍正帝即位时已经四十五岁，正值壮年，思想成熟，人生阅历和政治经验都很丰富。他锐意进取，整顿吏治，调整经济措施，制定各种制度，为康乾盛世的出现做出了重要贡献。朝服像展现了他沉稳坚定的性格特点。

《孝敬宪皇后朝服像》轴

年代　清雍正
作者　佚名
收藏单位　故宫博物院

　　孝敬宪皇后（1681—1731），乌喇那拉氏，满洲正黄旗人，父为内大臣费扬古，母觉罗氏为努尔哈齐玄孙。生于康熙十八年（1679），康熙三十年（1691）被康熙帝赐封给当时的皇四子胤禛，为其元配嫡福晋。雍正元年（1723）册为皇后，雍正九年（1731）九月二十九日崩逝，特以册宝谥曰孝敬皇后。乾隆二年（1737），与雍正帝合葬于泰陵。经乾隆、嘉庆累加谥，全谥曰"孝敬恭和懿顺昭惠庄肃安康佐天翊圣宪皇后"。

412

泰陵

来源　徐广源：《溯影追踪——皇陵旧照里的清史》，人民文学出版社，2014

　　泰陵是雍正帝的陵墓，始建于雍正八年（1730），乾隆二年（1737）竣工，是清西陵中建筑最早、规模最大、体系最完整的一座帝陵。建筑包括四座石牌坊、矗立着"圣德神功碑"大碑亭、隆恩殿、方城、明楼、地宫以及神路、石像生等。

413

泰陵圣德神功碑亭与明楼

来源　故宫博物院林欢

　　后世皇帝祭祀泰陵，这里是必经之地。

西陵行宫

来源　故宫博物院林欢

　　清西陵行宫始建于乾隆十三年（1748）三月，同年八月完工，是乾隆帝专为拜谒其父雍正帝的泰陵而建。该行宫坐落于梁格庄村西，与御用喇嘛庙永福寺毗邻。南面有龟山，北易水河沿山脚潺潺流过，山清水秀，风景宜人。行宫内有一座雕梁画栋的垂花门和长长的彩绘走廊。垂花门内有一座八角形喷泉鱼池，池中置假山。鱼池北面坐落着一处前辟走廊、后附抱厦的大殿，是皇帝驻跸后处理朝政的地方。大殿后有皇帝安歇的寝殿，两侧有后照殿、三卷殿等后、妃居住之地，还有值房、膳房、穿堂殿、銮舆库和御林军居住的房屋。行宫院内最后一座建筑是人工堆砌的假山，山上遍植花草树木，亭石楼榭，宛如一座小御花园。

415

《乾隆帝晚年朝服像》轴

年代　清乾隆
作者　佚名
收藏单位　故宫博物院

　　清乾隆后期，社会矛盾日益激化，清王朝由盛转衰。乾隆帝独断专行，宠幸权奸，挥霍无度，致使国库空虚，吏治败坏。他禅位给嘉庆帝的并非太平盛世，而是内创累累、积重难返的疲败局面。此时的乾隆帝已经没有了当年的睿智和自信。

416

《孝贤纯皇后像》轴

年代　清乾隆
作者　佚名
收藏单位　故宫博物院

　　孝贤纯皇后（1712—1748），富察氏、满洲镶黄旗人，察哈尔总管李荣保之女。雍正五年（1727）七月十八日，与皇四子弘历成婚，为嫡福晋，弘历即位后册立为皇后。她不忘满族习俗，克勤克俭，深得乾隆帝的敬重与爱恋。乾隆十三年（1748）正月随驾东巡，三月十一日，崩于回銮途中的德州舟次，年三十六岁。三月二十二日，乾隆帝为她亲定谥号"孝贤"，五月二十一日行册谥礼。乾隆帝曾以"廿载同心成逝水、两眶血泪洒东风"的悼亡诗句表达自己的哀思之情。乾隆十七年（1752）十月二十七日，奉安胜水峪裕陵地宫。经嘉庆、道光两朝加谥，全谥"孝贤诚正敦穆仁惠徽恭康顺辅天昌圣纯皇后"。

417

裕陵前景

来源　故宫博物院林欢

　　裕陵位于河北省遵化县胜水峪，是乾隆帝的陵墓，始建于乾隆八年（1743），乾隆十七年（1752）竣工。裕陵建筑宏伟，气势磅礴，自南向北的建筑依次为圣德神功碑亭、五孔桥、石像生、牌楼门、一孔桥、下马牌、井亭、神厨库、东西朝房、三路三孔桥及东西平桥、东西班房、隆恩殿、三路一孔桥、琉璃花门、二柱门、祭台五供、方城、明楼、宝城、宝顶和地宫，裕陵规制既承袭了前朝，又有创新，可谓是承前启后。嘉庆四年（1799）正月初三日，太上皇乾隆帝病逝于紫禁城养心殿，九月十五日葬于裕陵。

418

裕陵隆恩殿

来源　故宫博物院摄影师

　　裕陵隆恩殿共有三个暖阁，值得一提的是东暖阁。清朝早期的帝、后陵隆恩殿东暖阁内存放一些陵图、古玩珍品等。建于乾隆初年的泰东陵第一个将隆恩殿东暖阁建成佛楼，也称仙楼，随后乾隆帝的裕陵也将东暖阁辟为佛楼。此后，凡皇帝陵隆恩殿东暖阁均建佛楼，成为制度。

419

《嘉庆帝朝服像》轴

年代　清嘉庆

作者　佚名

收藏单位　故宫博物院

　　嘉庆帝颙琰是乾隆帝的第十五子，乾隆二十五年（1760）生，母为贵妃魏佳氏。嘉庆元年（1796）在太和殿举行授受大典，乾隆帝禅位，颙琰即皇帝位。实际上，在乾隆帝病逝之前，大权仍掌握在太上皇乾隆帝手中。

420

昌陵碑亭

来源　故宫博物院林欢

　　昌陵碑亭，始建于道光元年（1821），全称大清昌陵圣德神功碑亭，是昌陵神道上的主要建筑；高26米，重檐九脊歇山式建筑，黄琉璃瓦顶。昌陵碑亭是清朝皇陵中第七座碑亭，也是最后一座碑亭。碑亭中的圣德神功碑碑文，两千七百多字，为道光帝亲笔撰写。左碑为汉文，右碑为满文。

421

昌陵隆恩殿内佛楼

来源　故宫博物院林欢

　　昌陵隆恩殿的冬暖阁佛楼分上下两层，上层的金漆木雕垂花花纹图案细腻玲珑，其间所供奉的佛像，保佑墓主人在冥间平安。

《南苑内团河宫殿座地盘图》

年代　清前期
作者　佚名
收藏单位　故宫博物院

　　团河行宫在黄村门内 6 里处，有宫门三间，前后殿各五间。团河源南北宽 60 丈，东西 50 余丈，旧称团泊。团泊流出南苑墙即为团河。团河后来流入凤河，再流入永定河，汇入大清河后入海。团河行宫是南苑四座行宫中最豪华的，于乾隆三十七年（1772）疏浚团河、凤河时开始修建，乾隆四十二年（1777）竣工。该行宫充分吸取了江南园林以景取胜的特点，就地掘土成湖，余土堆积成山，山上广植奇花异草，利用团泊的碧水清流环绕山石林木间，楼阁曲廊掩映于苍松翠柏之中，极具江南水乡的风韵。团河行宫占地四百多亩，四面砌筑长达 4 里的围墙，宫内的璇源堂、涵道斋等主要建筑瑰丽辉煌。此外，还有鉴止书屋、东西配殿、六方亭、过河亭、云随亭、水榭、龙王庙等建筑。该图为南苑内团河宫殿座地盘。

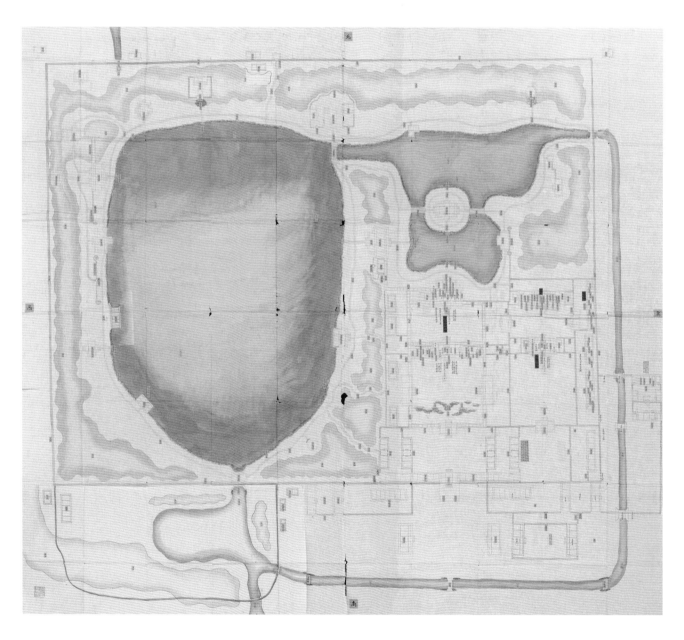

团河行宫乾隆御碑亭

来源　故宫博物院黄希明

　　乾隆御碑亭四方形，为大式歇山重檐筒瓦调大脊，吻垂戗兽，旋子彩画。亭内有乾隆帝题诗碑一座，碑身四方形，汉白玉质，上为四角攒尖顶。碑额浮雕双龙戏珠，中间篆书"御制"二字。碑身四周浮雕叶蔓花纹。下为须弥座。题诗碑通高 5.7 米，每边宽 1.2 米；须弥座高 0.9 米，边长 1.4 米。碑身四周镌有乾隆四十五年（1780）至乾隆五十三年（1788）御制团河行宫诗作四首。

十字房

来源　大兴文物管理所侯文学

　　十字房位于团河行宫西湖的西南角，是一座造型独特的建筑，两幢三间房呈十字状交叉面东而立，因以得名。

 425

翠润轩

来源　大兴文物管理所侯文学

翠润轩位于团河行宫东湖岛上，又名敞宇，俗称敞厅，三楹。东西长12.8米，南北阔7.3米。厅内彩画色彩艳丽，图案精美。翠润轩四周环水，碧波荡漾，湖中菡萏，亭亭玉立，景色秀丽清幽。岛上花木葱茏，古柏参天，四望皆成画景。

 426

西湖

来源　大兴文物管理所侯文学

西湖位于团河行宫西部，湖面宽大，沿岸有云随亭、漪鉴轩、珠源寺、御碑亭、归云岫、狎鸥舫、濯月漪、船坞等建筑，是宫内主要的风景区。

 427

云随亭

来源　大兴文物管理所侯文学

云随亭是团河行宫西湖岸边的建筑之一。

428

钓鱼台

来源　大兴文物管理所侯文学

团河行宫东部为宫殿区，宫殿区北有东湖，钓鱼台是东湖岸边的建筑之一，和群玉山房、鉴止书屋、镜虹亭、鱼乐汀等景点都是宫内的御花园，以供帝后游览。

429

《五世达赖喇嘛觐见顺治帝图》壁画

年代　清前期
作者　佚名
来源　拉萨布达拉宫

五世达赖喇嘛在顺治九年（1652）十二月到达北京，受到了顺治帝的隆重接待。该壁画以绚丽灿烂的色彩烘托出热烈欢快的气氛，生动地再现了这一意义深远的历史事件。图中右为顺治帝，左为五世达赖喇嘛。

430

《顺治帝颁给五世达赖喇嘛的敕谕》
（局部）

年代　清顺治
收藏单位　西藏自治区档案馆

顺治十四年（1657）六月二十四日，顺治帝专发敕谕问候五世达赖喇嘛身体健康，进一步加强了清朝中央和西藏地方的关系。

431

康熙帝大阅盔甲

年代　清康熙
收藏单位　故宫博物院

康熙十二年（1673）正月，康熙帝在南苑检阅八旗军，准备随时对危害国家统一的分裂行为采取行动。该盔甲为康熙帝大阅时所穿戴。

432

《玄烨书季冬南苑诗》轴

年代　清康熙
作者　（清）玄烨
收藏单位　故宫博物院

　　康熙帝写了许多关于南苑的诗，反映了他几十年间在南苑的活动，该诗轴记述了这些活动的历史瞬间。本图为其中的一首，记录了康熙帝在南苑深夜看奏折的情景。

433

《乾隆帝猎鹿图》轴

年代　清乾隆
作者　佚名
收藏单位　故宫博物院

　　乾隆帝十二岁就参加祖父康熙帝举行的行围狩猎活动。他即位后，更重视骑射武功，经常到南苑行围。该图描绘了乾隆三十七年（1772）七月，乾隆帝在南苑猎鹿的情景。

《乾隆戎装大阅图》

年代　清乾隆
作者　［意］郎世宁
收藏单位　故宫博物院

　　此图描绘了乾隆帝在南苑举行阅兵式时的情景。乾隆帝戎装骏马、英姿勃发、体现了清朝皇帝的尚武精神。

《弘历射猎图》

年代　清乾隆
作者　［意］朗世宁
收藏单位　故宫博物院

　　此图表现了乾隆帝及亲近王公大臣在南苑捕射野兔的动感瞬间。作者通过对骑在骏马上精悍的人物与狂奔逃命的野兔准确而且传神的刻画，成功地展示出乾隆帝娴熟的骑技和尚武骑射的精神。图中右上方有乾隆帝御题诗三首，款署："南苑行围即事三首，乙亥暮春御笔。"钤"乾隆宸翰"白文方印、"得象外意"朱文方印、"研露"朱文长方印。"乙亥"是乾隆二十年（1755），乾隆皇帝时年四十五岁。从乾隆帝的御制诗中可知，他此次南苑狩猎"是日凡中八兔"，可谓战绩骄人。

436

《盘山图》轴

年代　清乾隆
作者　（清）弘历
收藏单位　故宫博物院

盘山既有自然山水，又有古寺名园。乾隆帝曾先后游盘山三十二次，留下了大量的诗文（1366首）和画作。此图表现盘山全景，构图雄浑饱满、皴点并施，层次丰富，纯用墨笔，秀润苍郁。画上有御笔题咏三十多段，钤"八徵耄念之宝""五福五代堂古稀天子宝""太上皇帝之宝"。

437

《弘历盘山静夜图》轴

年代　清乾隆
作者　佚名
收藏单位　故宫博物院

此图绘房舍一区，置于山石秀木之间。四周竹林葱郁，枝繁叶茂，与秀石枯木交相辉映。正面屋内置一床榻，榻旁有一高几，上置清供之品。一人着汉装，斜倚书函而坐。堂前是一片开阔地带，一条小溪流淌而过，营造出一个幽雅的文人生活环境。画中人物是乾隆帝本人的肖像。图上有乾隆帝题"怡神"二字，钤"五福五代堂古稀天子宝""太上皇帝之宝""静寄山庄"朱文方印三。另有乾隆帝于乾隆二十八年至乾隆五十年（1763—1785）间的题识十则，钤有"古稀天子""乾隆""乾隆宸翰""几暇怡情"等印二十余方。裱边另有四则乾隆帝题记，分别书于乾隆五十四年（1789）、五十六年（1791）、五十八年（1793）和嘉庆二年（1797）。

 438

《盘山别墅》轴

年代 清乾隆

作者 （清）张宗苍

收藏单位 故宫博物院

　　张宗苍（1686—1756 年），字默存，今江苏苏州人，擅画山水。他的山水画，画风苍劲，用笔沉着。山石皴法多以干笔积累，林木之间使用淡墨，干笔和皴擦的手法相结合，表现出了深远的意境和深厚的气韵。《盘山别墅》轴特别为乾隆帝所喜爱，为此写有《题张宗苍盘山别墅》诗。

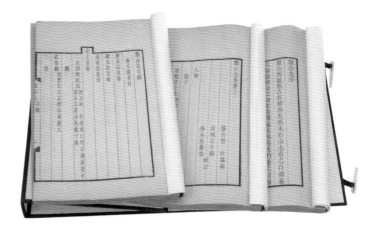

439

《钦定盘山志》

年代　清乾隆
作者　（清）蒋溥等
收藏单位　故宫博物院

　　《钦定盘山志》二十一卷。《盘山志》原有十卷，补遗四卷，清智朴纂，康熙三十年（1691）刻本。书中收入了魏、晋、唐、辽、金、明至清康熙年间的大量资料。乾隆九年（1744），乾隆帝在盘山建静寄山庄，每年春秋拜谒东陵，驻跸行宫。乾隆十九年（1754）二月，乾隆帝行幸山庄，爰命蒋溥、汪由敦、董邦达等纂修新志。蒋溥等承诏属稿，详加衷辑，分图考、名胜、寺宇、流寓、方外、艺文、物产、杂缀八门，厘为十六卷。首冠以巡典、天章五卷。至十二月，书成。图为清乾隆武英殿刻本《钦定盘山志》内页。

440

《盘山全图》

　　盘山是太行山的一部分，京畿地区的名胜，古名四正山，又名徐无山。盘山景色以"五峰八石""三盘之胜"而奇特称绝，东联九华峰、西傍舞剑峰。五峰攒簇，怪石嶙峋，天然形成了"三盘之胜"。上盘松胜，蜿曲翳天；中盘石胜，怪异神奇；下盘水胜，溅玉喷珠。历史上曾建有七十二座寺庙和十三座玲珑宝塔，一座皇家园林"静寄山庄"，以东五台山著称佛界。乾隆帝写有《游盘山记》，其中有这样的句子："连太行、拱神京、放碣石、距沧溟、走蓟野、枕长城，是为盘山。"此为《钦定盘山志》附图。

441

《盘山行宫全图》

　　盘山上有行宫始于乾隆九年（1744）。鉴于盘山是由京城去东陵的必经之地，所以建行宫作为皇帝的驻跸之所。行宫前冈如凭，后嶂如扆，自玉石庄迤逦，东达缭垣之南，偏垣垒以文石，周围十余里，随山路高下为纡直，涧泉数道流垣内，雪涛溅躍，从高处奔注山下，设闸门以时启用。林开麓断，地势高敞宏阔。直庐环翼中，崇闳飞甍，正位而向明的地方，就是行宫，行宫有门数道。沿山道盘旋往复，直达山的深处。此为《钦定盘山志》附图。

442

《静寄山庄图》

来源 （清）蒋溥等《钦定盘山志》，清乾隆武英殿刻本

　　行宫以静寄山庄为名，表现的是崇俭的美德。当年康熙帝在热河建避暑山庄，不雕不绘，得天然之胜；所以乾隆帝建静寄山庄，也注重简朴，强调以静为体、人心也要以静为体。在山前平敞处建殿庭，乾隆帝御题"知仁乐处"，是班朝听政的地方。其东树木茂盛，很少阳光，有斋名"松岩寒翠"，是群臣休息的地方。再往东是镜澜亭，临大涧，涧中水石荡激，发出雷鸣般的声音。涧上有桥，过桥往东北走，举步渐高，登山之路从此始。此为《钦定盘山志》附图。

443

《静寄山庄诗景图》

年代　清乾隆
作者　（清）允禧
收藏单位　故宫博物院

　　爱新觉罗·允禧（1711—1758），康熙帝第三十一子，序齿为皇二十一子。原名胤禧，因避雍正帝讳改胤为允。字谦斋，号紫琼，别号紫琼崖道人、春浮居士等。雍正八年（1730）二月，封贝子。五月，进贝勒。十三年（1735）十一月，乾隆帝即位，进慎郡王。乾隆二十三年（1758）五月薨。清代著名画家、书法家、诗人。允禧酷爱山水，多次登临盘山游览，历险探奇，诗画咏记，曾彩绘《盘山十六景图》，乾隆帝非常喜欢，亲自为图题诗。此图选自清乾隆彩绘版允禧《盘山十六景册》。

444

《太古云岚图》

来源 （清）蒋溥等《钦定盘山志》，清乾隆武英殿刻本

"太古云岚"为乾隆帝御题。有轩名引胜斋、畅远楼、韵松等，回廊四周，檐牙相接。还有结构宏敞的寿萱堂，是乾隆帝奉皇太后临幸休息所在。此图选自《钦定盘山志》第一卷。

445

《层岩飞翠图》

来源 （清）蒋溥等《钦定盘山志》，清乾隆武英殿刻本

层岩飞翠为乾隆帝御题。这里有撷翠楼、云起阁、澹怀堂等建筑，在岚光烟霭之中，格外幽致。此图选自《钦定盘山志》第一卷。

446

《清虚玉宇图》

来源 （清）蒋溥等《钦定盘山志》，清乾隆武英殿刻本

　　清虚玉宇在行宫东北，是一座道教建筑，有门有庑，正中建高阁，体势正圆，表示崇效之义。此图选自《钦定盘山志》第一卷。

447

《镜圆常照图》

来源 （清）蒋溥等《钦定盘山志》，清乾隆武英殿刻本

　　盘山自唐代之后，宗教日盛，许多地方建有宝坛。乾隆帝性体圆觉，贯彻人天，认为释教可以振拔群迷，利济众生，对治理国家有所帮助，便在山庄以西，建房屋数重，名"竺招提殿"，殿额即"镜圆常照"，为乾隆帝御笔。此图选自《钦定盘山志》第一卷。

448

《众音松吹图》

来源 （清）蒋溥等《钦定盘山志》，清乾隆武英殿刻本

"众音松吹"是一座亭的名字。坐在这里既能
听到奔泉与山石相击发出的轰鸣声，又能听到风吹
松林引起的飒飒声，还能听到泉水注入深潭时的哗
哗声。因此，乾隆帝把这个诸景之会的地方命名为
"众音松吹"。此图选自《钦定盘山志》第一卷。

449

《四面芙蓉图》

来源 （清）蒋溥等《钦定盘山志》，清乾隆武英殿刻本

盘山诸峰自中央向四面扩散，其间冈峦起伏，
苍翠相属，升高远望，无不奋迅腾涌而出、一目
了然。因此，乾隆帝把在盘山高处的一座小亭命
名为"四面芙蓉"。每当太阳升起，云雾散去，盘
山景物尽收眼底，群峰如同盛开的花朵，敷光景溢，
应接不暇，能令山开生面，以初日芙蓉比喻，尚未
足以尽其妙。此图选自《钦定盘山志》第一卷。

450

《贞观遗踪图》

来源 （清）蒋溥等《钦定盘山志》，清乾隆武英殿刻本

　　在南涧边，有一块巨石，色润而质莹，纵五丈，横十丈。相传唐贞观十九年（645），唐太宗东征凯旋，驻跸盘山，三军晾甲于此，今存遗迹，故名晾甲石，为盘山八大怪石之一。石顶平坦，可容百余人，石面摩崖篆刻"唐文皇晾甲石"六字，东侧崖壁镌刻乾隆帝所书"贞观遗踪"四字。此图选自《钦定盘山志》第一卷。

451

《御制静寄山庄八景诗图册》

年代　清中期
作者　（清）汪由敦书、（清）董邦达绘
收藏单位　台北"故宫博物院"

　　汪由敦书、董邦达画静寄山庄的八景是静寄山庄、太古云岚、层岩飞翠、清虚玉宇、镜圆常照、众音松吹、四面芙蓉、贞观遗踪。

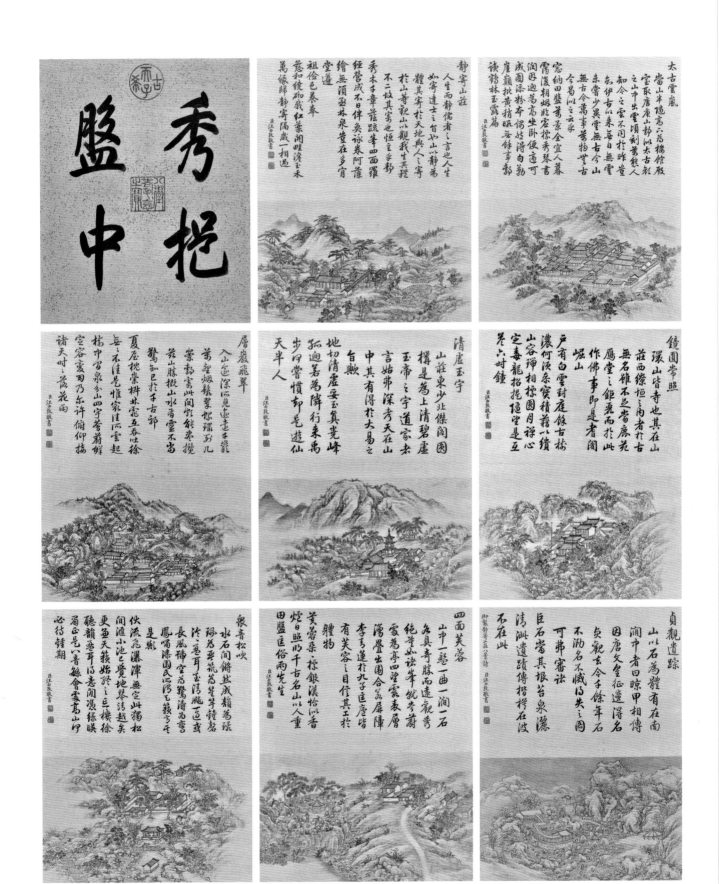

265

御製
兩峯五丁鑿一寺雙林閒坐我
把秀閣抒茲即景懷冷泉淙石
齒疎林挂兔胎結習一以忘故
知無去來
　　　　古天成寺
靈山蟠曲室九疊屏風閒峭蒨
騁外寫幽曠怡中懷泉無莫而
飛樹不土以胎爲愛此紀奇高
閣題詩來
臣允禧恭和

御製
萬松〻無萬無已云萬松颯楷
韻金石猙獰挐虹龍白澗袋曲
鹽緑陰千古濃蔚蜀入三摩真
條不空〻
　　　　古萬松寺
松會而都誌三山寶宜松風戰
月影澗海水浮蒼龍石蟠古根
因天接來雲濃僧樓坐清畫蔚
籟吹長空
臣允禧恭和

452

《天成寺诗景图》

年代　清乾隆
作者　（清）允禧
收藏单位　故宫博物院

　　此图选自清乾隆彩绘版允禧《盘山十六景册》。天成寺与盘山其他寺不同，特点是路稍坦而境绝胜，峰转境拓，飞鸟在树梢盘旋，使行者忘记疲劳。寺门楼额“江天一览”为乾隆帝御笔。寺内佛殿金碧辉煌，背负翠屏，南临涧泉，步步引人入胜。乾隆帝每次至盘山，都要先到这里，所以御制诗篇也比其他寺为多。乾隆帝还专意为天成寺后殿题额“化宇香城”。他撰书的《游盘山记》碑即置于天成寺大殿院内。

453

《万松寺诗景图》

年代　清乾隆
作者　（清）允禧
收藏单位　故宫博物院

　　此图选自清乾隆彩绘版允禧《盘山十六景册》。万松寺在舞剑台之东，本名卫公庵，后拓展而新。康熙帝到此，赐名“万松”，因为盘山到处皆松树，且此寺就在松树之中。该寺宏丽中表现出清幽，循磴入寺，寒翠侵衣，竽籁交作，仿佛置身于清凉佛境。

454

万松寺额

来源　河南省社会科学院万林

　　万松寺旧称“李靖庵”，唐初名将李靖曾在此居住，故名。清初诗人宋荦认为前贤不宜直呼其名，改称“卫公庵”。清康熙年间又改称“万松寺”。“万松寺”三字为康熙帝御笔。

455

《舞剑台图》

来源　（清）蒋溥等：《钦定盘山志》，清乾隆武英殿刻本

　　盘山五峰，曾经称五台，其西台即唐李靖舞剑处。李靖以雄才伟烈，佐唐家有天下，曾登此台，平无所蔽，天风吹衣，白日朗照，塞垣、辽海形胜历历在指掌间。他当时击剑长歌，慨当以慷，尽露英雄本色。康熙帝、乾隆帝来盘山至此远眺，看石色，听泉声，不由得忆起千百年前李靖的事迹，也非常感慨。此图选自《钦定盘山志》第一卷。

456

《盘谷寺诗景图》

年代　清乾隆
作者　（清）允禧
收藏单位　故宫博物院

　　此图选自清乾隆彩绘版允禧《盘山十六景册》。盘谷寺居盘山之中，原是人迹罕至、仿佛隐士所栖息之处，于是僧人在此僻地建寺，康熙帝赐额名"盘谷寺"。乾隆帝御书"定力周圆"殿额。并敕赐两联："一声清磬动耶静，万迭浮云假也真。""虚窗不碍疏还密，诘径何妨静以深。"

御製

常時望田鑒雲在山頭起昨歲
登絕頂雲乃在足底由來萬仞
高只此一步是定光無説之不
異天龍指 右雲罩寺

山無留雲心山空雲自起山雲
相吐吞起滅知何底無上大雄
頂進步得如是對鏡即是花見
月乃非指

臣允禧恭和 〔印〕〔印〕

457

《云罩寺诗景图》

年代　清乾隆
作者　（清）允禧
收藏单位　故宫博物院

　　此图选自清乾隆彩绘版允禧《盘山十六景册》。云罩寺位于盘山挂月峰山崖上，是盘山地势最高的庙宇。唐代道宗大师兴建，原名"降龙庵"，唐高僧宝积禅师曾在此停留。明代重建，敕赐"云罩寺"；因地邻绝顶，云掩雾罩，故名。寺内有弥勒殿、黄龙殿，供奉皇藏千叶宝莲佛。寺前有《重修云罩寺》碑，记载乾隆七年（1742），乾隆帝谒陵归来，曾"减骑从、撤雉葆，穿松缘泉，跻于峰巅，谓此寺殊胜，命葺其垣，新其栋宇"。并修复倾圮的定光佛舍利塔。寺内原悬康熙十七年（1678）康熙帝御书匾额"盘山秀峰""云峰法界"，悬乾隆帝御书匾额"金界常明""住智慧山"，还有对联："青山白云常自在，禅悦法喜悟无生。"

458

《紫盖峰图》

来源　（清）蒋溥等：《钦定盘山志》，清乾隆武英殿刻本

　　紫盖峰是盘山最奇特的景区，被人称为中台。它独力一格，圆峭矗立，体势尊严，宛如华盖之中天。别的峰对它似乎都服服帖帖，像是护卫，又像是朝拜。乾隆帝写有《紫盖峰诗》。此图选自《钦定盘山志》第一卷。

紫盖峯

御製

曾聞佛示蹟一夜千相成千相
各殊別因茲寺浮名而我莞爾
笑此語殊不經燈籠笞露柱熾
然無色聲　右千相寺

名因實際證相以心境成諸相
本無相淨名何用名前臨洗缽
池坐石翻金經舌含青蓮花耳
聽迦陵聲

臣允禧恭和

459

《千相寺诗景图》

年代　清乾隆
作者　（清）允禧
收藏单位　故宫博物院

　　此图选自清乾隆彩绘版允禧《盘山十六景册》。
千相寺又名"佑唐寺"，始建于唐开元年间。相
传唐代一尊者从远方挈杖来此，忽见山岩下澄泉
池旁有千僧洗钵，近观瞬而没之。尊者在此建寺，
并于山坡涧石上按所见千僧刊刻千佛像。现存线
刻佛像数百尊，分立式和跌坐两类，二至四尊为
一组。立佛头顶发髻，面像丰腴，足踏莲花，高
1.5 米，宽 0.44 至 0.49 米。坐佛高 1.3 米，莲座宽
1.09 米。具唐代造像风格。乾隆帝游盘山时，曾
多次登临观礼。乾隆十年（1745），奉敕重修。正
殿上高悬乾隆帝御书匾额"雨花福地"。乾隆帝还
有御制《如来影》诗："如来无物不如来，无物不
如本无物。岂于石上独留迹，得毋此石非真佛？"

460

《浮石舫图》

来源　（清）蒋溥等：《钦定盘山志》，清乾隆武英殿刻本

　　浮石舫在上甘涧东北峰顶，石势如万斛巨
舰，云气晨夕，出山腹浮，浮欲动有乘风驾涛之
势。乾隆帝写有《浮石舫诗》。此图选自《钦定盘
山志》第一卷。

浮石舫

461

《半天楼图》

来源 （清）蒋溥等：《钦定盘山志》，清乾隆武英殿刻本

半天楼为盘山外八景之一。凿石为梯，千百级盘折而上，林密壑陡。峰势一转，豁然开朗，万象森列，在转弯处有一亭名摩青。稍南而东，就是半天楼。楼高耸，没有屏蔽，北面接栏外为平台。架空凌虚，栏循周绕。乾隆帝写有半天楼诗多首。此图选自《钦定盘山志》第二卷。

462

《池上居图》

来源 （清）蒋溥等：《钦定盘山志》，清乾隆武英殿刻本

池上居在太古云岚东墙外，澄池清澈见底，水冬夏不溅。池左有亭名涵碧。在亭的后面，泉从千涧落下，水声不断，为琴峡亭。

此图选自《钦定盘山志》第二卷。

463

《农乐轩图》

来源 （清）蒋溥等：《钦定盘山志》，清乾隆武英殿刻本

在观澜亭东面，有一片空地，平坦肥沃，涧泉夹流，可以灌溉。乾隆帝命有司垦为方田，种植嘉谷；又在田地的空隙处建亭宇，乾隆帝额其前轩名"农乐"，比于内苑观稼之所。这里篱落映带，沟塍弥望，春风至而碧毯铺，秋日丽而黄云涌，可以谱升平丰稔之象，极具江村景色。此图选自《钦定盘山志》第二卷。

《雨花室图》

来源 （清）蒋溥等：《钦定盘山志》，清乾隆武英殿刻本

　　盘山山路西北，渐少平坦，谷深崖复，而佳境益多，乾隆帝命在深林中构建房屋。当老树开花时，随风飘舞，宛若曼陀罗之散空，乾隆帝命名为"雨花室"。此图选自《钦定盘山志》第二卷。

《泠然阁图》

来源 （清）蒋溥等：《钦定盘山志》，清乾隆武英殿刻本

　　泠然阁之名援引列子寓言。天暖香袭于兰坡，凉声被于鞠径山中清景是处，熙怡阁虚，受风尤多，宜有泠然之月。此图选自《钦定盘山志》第二卷。

《小普陀图》

来源 （清）蒋溥等：《钦定盘山志》，清乾隆武英殿刻本

　　小普陀因水而得名。近东涧的高冈敞地有一亭，名"极望澄鲜亭"。下北折曲径如旋螺，深入崖奥，水流至此，再无澎湃之势，汇为石潭。潭上有竹万竿，均为深翠色，日色到地如碎金。在这里建庙宇，以奉大士。屋小而势耸，不设疏棂；刻木为四壁，涂以红色，名小普陀。此图选自《钦定盘山志》第二卷。

467

《中盘诗景图》

年代　清乾隆
作者　（清）允禧
收藏单位　故宫博物院

　　此图选自清乾隆彩绘版允禧《盘山十六景册》。少林寺西北、嶕峣峰正南，位于华盖、莲花、毗庐三峰之间，居中盘，唐代在此建寺古中盘，相传为宝积禅师住静之处。到清代，这里已经绀宇琳宫，郁然相望。康熙帝爱其奇秀，勒诗石上，记称：舍利塔每放光明，地多金沙，雨过则现奇木澄泉，映带左右；并御书额"门外一峰"。乾隆帝为大殿赐额"般阿精舍"，撰联有："阶下泉声答松籁，云间树色隐峰螺。"

468

《盘山少林寺诗景图》

年代　清乾隆
作者　（清）允禧
收藏单位　故宫博物院

　　此图选自清乾隆彩绘版允禧《盘山十六景册》。盘山少林寺地处盘山东南麓、号称中盘的开阔山坡上。旧名法兴寺，魏晋间建，也被称为北少林寺。清代，少林寺受到皇家的格外重视，康熙帝曾两次幸临北少林寺，乾隆帝更是三十一次常住这里。乾隆帝曾经赋诗："少林分南北，对峙不为孤。"少林寺为三进殿堂，包括山门、牌坊、塔林等。后排大殿五间及配殿的庭院中摆放兵器架、架有各种兵器。

469

《云净寺诗景图》

年代　清乾隆
作者　（清）允禧
收藏单位　故宫博物院

　　此图选自清乾隆彩绘版允禧《盘山十六景册》。云净寺原名净业庵，后来逐渐发展，渐成丛林，珠宫琳宇，前后相次。康熙帝到此游览，赐名"云净"。乾隆年间奉敕重修。

御製

盤谷實有三中盤為最幽我曾

坐松下幾度沿溪流契理在寸

心曠觀足千秋長嘯萬壑空彷

佛晤田疇　右中盤

中盤寺最古五松堂幽幽元氣

何細縕上下光與流六月無炎

蒸颯然涌清秋景物淡如此倚

杖忘前疇　臣允禧恭和

御製
精藍據層巔煙磴凡幾臺丁星
綴紫茸爛熳紛紅葉北山鮮移
攵 是山古為隱者蟄矣 今則為禪家窟矣 西域鏡梵筬少室
本同名趺伽絨接　右少林寺
紺宇深且閟危磴更重疊澗餘
何歲雪林鋪幾峯葉尋山杖橫
肩品水經在篋小坐紅龍池煙
嵐紛應接
臣允禧恭和

御製
山水知仁德松竹清和聖學邈
久無人逃禪乃有栖梵宇何林
立法體文光鏡坐對默忘言一
川秋雲淨　右雲淨寺
雲峯結輿匶供卷西方聖尋僧
話枯禪香風漾塵柄萬象各紛
綸同歸大圓鏡幻法有去來心
雲自清淨
臣允禧恭和

470

《东竺庵诗景图》

年代　清乾隆
作者　（清）允禧
收藏单位　故宫博物院

此图选自清乾隆彩绘版允禧《盘山十六景册》。东竺庵在松树峪，这里土壤肥沃，适宜花草树木生长，因而林木茂盛，花果飘香，且四时不绝。乾隆帝命人编茅为亭，倚岩石为墙，从云罩寺归，便驻跸于此休息。

471

《东甘涧诗景图》

年代　清乾隆
作者　（清）允禧
收藏单位　故宫博物院

此图选自清乾隆彩绘版允禧《盘山十六景册》。有水夹小山而流，相距仅1里许。在东者为东甘涧，涧上筑精舍，乾隆帝题额“东甘涧”。

472

《西甘涧诗景图》

年代　清乾隆
作者　（清）允禧
收藏单位　故宫博物院

此图选自清乾隆彩绘版允禧《盘山十六景册》。有水夹小山而流，相距仅1里许。在西者为西甘涧，涧上筑屋，乾隆帝题额“西甘涧”。

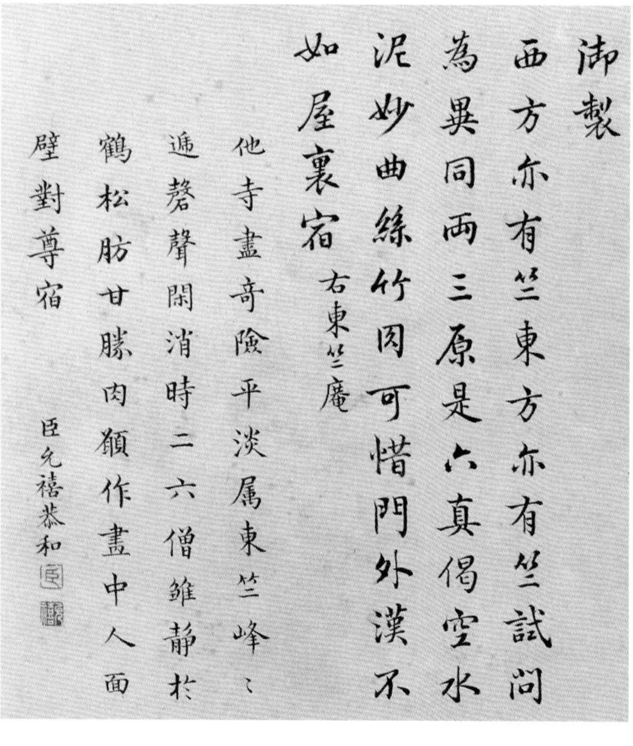
御製
西方亦有竺東方亦有竺試問
為異同兩三原是六真偈空水
泥妙曲絲竹因可惜門外漢不
如屋裏宿
右東竺庵
他寺盡奇險平淡屬東竺峰〻
遥磬聲閑消時二六僧雛静於
鶴松肪甘賸肉頫作畫中人面
壁對尊宿
臣允禧恭和

御製
入山既遠俗尋流復得源齒〻
咽白石然〻漾綠巔在陰鶴唳
子猗庭竹育孫仲長今豈無可
以樂衡門　右東甘澗
心影淨可照愛此活水源其中
亦何有晴沙走白蘋溪聲咽今
古曡〻石子孫焉用廣長舌瀾
翻不二門
臣允禧恭和

御製
澗水分東西地靈甘則同汲泠
垂折竹潤枯燒老松無湏調水
苻可作清齋供嗜役棲遲客來
思慰遯惊者　余既愜隱者之不余從也
　古西甘澗
潛流忽分注芳洌其味同瓶汲不勞
綆錯煮旋所松持此八功德上為
天王供
聖情春山澤臣心懷惊惊
臣允禧恭和

275

473

《金山寺诗景图》

年代　清乾隆
作者　（清）允禧
收藏单位　故宫博物院

　　此图选自清乾隆彩绘版允禧《盘山十六景册》。金山寺在盘山深处，为古松、巨石所环绕，平时人迹罕至。乾隆帝来到这里，顿感心像天空，广阔而寂寥。他写有多首关于金山寺的诗，抒发了自己的这种心境。

474

《上方寺诗景图》

年代　清乾隆
作者　（清）允禧
收藏单位　故宫博物院

　　此图选自清乾隆彩绘版允禧《盘山十六景册》。上方寺亦在盘山深处，到这里要经过羊肠小道的攀登。不过上方寺环境极佳，乾隆帝称赞它是"鸟语奏笙筑，岚气沾衣裳"，所以他到此处心情格外舒畅。

475

《双峰寺诗景图》

年代　清乾隆
作者　（清）允禧
收藏单位　故宫博物院

　　此图选自清乾隆彩绘版允禧《盘山十六景册》。双峰在盘山西边，万仞对峙，仿佛儿童的发角。寺适当其阻，对舞剑台，殿宇随山势有高有低，岚霭晓夕，十分壮观。

御製
眾峯何攢々雙峯迴莫攀下眎
眾壑空高入天風寒月影標靜
常秋容復蒼丹鐘聲聞上方塢
證六度檀 右雙峯寺

雙峯嵌蘭若可望後可攀霞照
暈嶽雜月露洗翠寒一念證菩
提無勞叩還丹瞻禮青螺譬安
得牛頭檀
　　　臣允禧恭和

御製
蘿逕迴羊腸攀躋到上方鳥語
奏笙筑嵐氣沾衣裳天樂悟根
塵花雨紛幻常漢宮仙人掌空
令零露瀼 右上方寺

蹦屧登羊腸回首迷下方縹緲
天風寒颸颸吹衣裳瀑布界雲
垂鳥能測尋常四時洒珠雨草
木露瀼瀼
　　　臣允禧恭和

御製

嶂葉綠交軒岫霧白封殿隔巇

望初地金碧時隐見遙想隼蔭

下春深鳥應囀何當半日閑一

飽伊蒲膳

古古天香寺

招提記昔遊初日照高殿地僻

一逕閒天晴數峯見小院窈無

人春鶯相與囀空中天女花散

入香積膳

臣允禧恭和

476

《天香寺诗景图》

年代　清乾隆
作者　（清）允禧
收藏单位　故宫博物院

此图选自清乾隆彩绘版允禧《盘山十六景册》。天香寺在行宫西北 2 里许，乾隆九年（1744）移建。红墙碧瓦，殿室华整，丽于兰树之中，其境地可与鹫岭龙宫同称香界，故名。

477

《感化寺图》

来源 （清）蒋溥等《钦定盘山志》，清乾隆武英殿刻本

　　感化寺位于盘山之阳，为唐代名刹。乾隆十年（1745）奉命重建，乾隆帝亲制寺额。此图选自《钦定盘山志》第二卷。

478

《白岩寺图》

来源 （清）蒋溥等《钦定盘山志》，清乾隆武英殿刻本

　　白岩寺距宫门10里，冈峦环抱，从深村野甾中纡回而入，转进转出，不易寻找。甚至已经来到寺旁，仍看不见寺；但密林一转，精监互现。该寺是盘山最僻静的地方。即使如此，乾隆帝也到过这里。此图选自《钦定盘山志》第二卷。

四

天津阅河

479

《永定河志》

年代 清嘉庆
作者 （清）李逢亨
收藏单位 故宫博物院

　　本书成于嘉庆二十年（1815），分列谕旨、宸章、绘图、集考、工程、经费、建制、职官、奏议等门，三十二卷。该书记载了康熙帝、乾隆帝对永定河的治理。本图为嘉庆年间刻本《永定河志》封面及内页。

　　李逢亨（1744—1822），字垣斋，号培园，陕西平利县人。他品德优良，精通诗文；清乾隆四十四年（1779），进朝整理编纂《四库全书》；之后，连任蓟州州判、永定河南岸同知等职，掌管治水工程。

480

《初修永定河示意图》

来源 （清）李逢亨《永定河志》，清嘉庆刻本

　　永定河原名浑河，是海河的支流，自古水患极多，经常改道，所以也称无定河。它夹带的泥沙常使河道淤塞，酿成水灾，严重威胁京畿地区人民的社会生活。康熙帝对此非常重视，从康熙三十七年至四十年（1698—1701）间，调动大批民工开掘河道，修筑堤防，进行了根本的治理，取得了良好的效果，康熙帝赐名永定河。该图是康熙三十七年（1698）建堤挑浚的示意图，选自《永定河志》第一卷。

《昆明湖蓄水图》

年代　清乾隆
作者　（清）弘旿
收藏单位　中国国家博物馆

　　此图反映的是乾隆年间京师水系中昆明湖蓄水的情况。昆明湖的水来自京西玉泉山，在昆明湖汇积后经过长河，在城东南流入通惠河、潞河。该图的画面以玉泉山开始，绘其水流源自西山，聚于昆明湖，流经长河，贯绕京城，于城东南入通惠河、潞河，反映了乾隆年间（1736—1795）北京地区水系分布与水利设施、风景地貌、苑囿城郭等的有关状况，并钤有"石渠宝笈""宝笈重编""三希堂精鉴玺"等印记。卷末有作者自题款识23行，下钤"臣""旿"两印。

　　弘旿（1743—1811），诚恪亲王允祕次子，字卓亭，号恕斋、瑶华道人，先后封固山贝子、奉恩将军，能诗善画。作为宗室子弟的弘旿绘制《京畿水利图》，反映了他们对于关乎百姓生计的水利工程的重视。该图选自中国国家博物馆藏《京畿水利图》卷。

《运河全图》

来源　《治河全书》附录《运河全图》

　　《运河全图》记载了大运河全程的河道特点，并用手绘技术画出了大运河全程的景色，是反映当时大运河全程的一本水利河道情况汇编。大运河的两端——北京至杭州的全程水域流经之处全部归纳描绘在内。天津作为大运河重要的流经区域，不但有详细的文字介绍，而且当时的天津水域在运河全图中有充分的体现。该图为《运河全图》首页。

《北通州段运河图》

来源 《治河全书》附录《运河全图》

图中描绘了北通州段的运河情况。康熙帝曾来到这一段运河了解情况。

《香河段运河图》

来源 《治河全书》附录《运河全图》

图中描绘了香河段运河的情况。康熙帝曾经到这一段运河视察。

《张家湾段运河图》

来源 《治河全书》附录《运河全图》

图中描绘了张家湾段运河的情况。康熙帝曾经到这里视察河工。

《直隶图》

年代　清康熙
作者　佚名
收藏单位　中国第一历史档案馆

　　此图是内务府舆图处在康熙三十一年（1692）绘制的。图中标出了直隶东西南北所至的边界，尤其是永定河道的变化，由此可以看出康熙帝治河的成效。

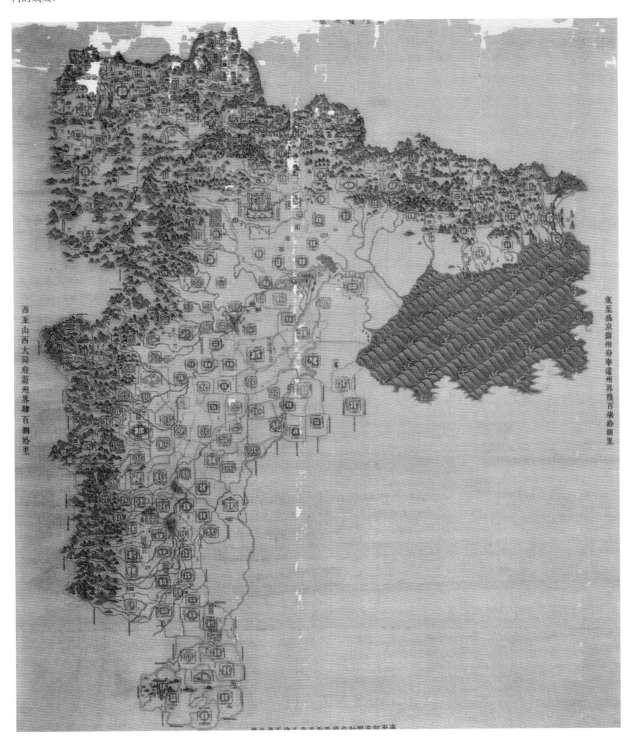

487

《永定河神庙碑》拓片

来源 故宫博物院林欢

　　此碑立于康熙三十七年（1698）十二月十六日，在北京丰台区卢沟桥。碑文由康熙帝亲自撰写，记述了修治永定河的原因、经过、赐名等内容。

488

康熙帝《察永定河诗》拓片

来源 故宫博物院林欢

　　此碑立于康熙四十年（1701），在北京丰台区卢沟桥。碑文是康熙帝巡视永定河期间作的一首五言律诗，由康熙帝亲自撰写。诗中谈到永定河二十年间造成的危害，表达了只有治理好永定河，才能达到心神的安宁的治河决心。

《通惠河漕运图卷》（局部）

年代　清前期
作者　（清）沈喻
收藏单位　中国国家博物馆

　　这幅图卷描绘了清代康熙年间通惠河漕运的情况。通惠河又称大都运粮河、大通河，开凿于元至元二十八年（1291）。这是由郭守敬规划开通的由大都（今北京）至通州的运河。这样，南粮北运的船只可以直达城内的积水潭。此河明清两代屡加修浚，继续使用；但因部分故道为宫墙所占，因此漕船只能到城东南的大通桥为止。为适应水源减少的现象，清代废弃了过去大量闸坝，在漕运季节闸门不再开启，实行倒载制，漕粮由人夫搬运到闸上游停泊的船只中。这种情况，在《通惠河漕运图卷》中有清晰、准确的反映。

490

《五道成规》封面及内页

年代　清乾隆
作者　（清）高斌
收藏单位　北京大学图书馆

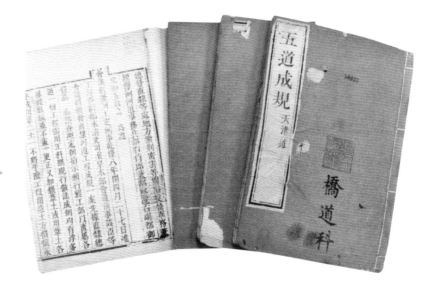

　　该书共五卷。五道，是指直隶区域内的五条水系，即清河、永定河、通水河、天津河、大名河。书中详述了五道不同的治理措施，以及每项治水工程所需要的工时、工钱、工料等，对直隶水利工程的修建有指导作用。高斌（1683—1755），满洲镶黄旗人，高佳氏，字右文，号东轩。雍正十三年（1735）任江南河道总督，乾隆六年（1741）调直隶总督兼管总河印务，是清代四大治河名臣之一。该图为乾隆年间刻本《五道成规》一书的封面及内页。

491

《五道成规》内页

年代　清乾隆
作者　高斌
收藏单位　北京大学图书馆

　　该图为乾隆年间刻本《五道成规》一书的内页。

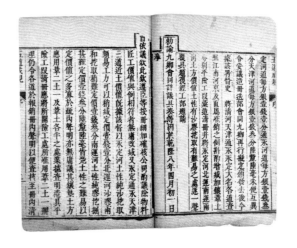

492

《孙家淦奏报查勘直隶河道折》

年代　清乾隆四年（1739）
作者　（清）孙家淦
收藏单位　中国第一历史档案馆

　　孙嘉淦（1683—1753），字锡公，又字懿斋，号静轩，山西兴县人。康熙五十二年（1713）进士，仕康熙、雍正、乾隆三朝，历任刑、工、吏部尚书，协办大学士。乾隆三年（1738），他被授为直隶总督，三年内修河渠580条，受到乾隆帝赞赏。乾隆四年（1739）六月二十五日，他向乾隆帝奏报确勘河淀事，言及直隶河道上游多有雍滞，下游未能宣畅，修濬之方必须通盘计算。乾隆帝在朱批中告诫他：必以平心静气治水，才能取得成效。

493

《顾琮奏报直隶南运河水势情形折》

年代　清乾隆四年（1739）
作者　（清）顾琮
收藏单位　中国第一历史档案馆

　　顾琮（1685—1755），字用方，满洲镶黄旗人。康熙六十一年（1722），授吏部员外郎。雍正十一年（1733），任直隶河道总督，负责整修永定河水利工程。乾隆四年（1739）七月二十二日，他向乾隆帝奏报直隶南运河水势情形，谈及南运河水势较上年涨高了1尺，自己立即前往督察当地官民的修筑堤坝工程，注意下游水流通畅，结果当年汛期没有发生水患。乾隆帝朱批："永定河旋涨旋落，能保无虞者，皆上天之恩也。不得谓料理得宜，永远无虑。"告诫他防止水患不要掉以轻心。

后 记

　　《清宫图典·出巡卷》是在《清宫图典》全书的总主编朱诚如、任万平指导下完成的。本卷的两位主编中，赵云田负责拟定选图目录、找图、撰稿、全书统稿；林欢协助完善选图工作。此外，侯久萱、胡鸣也参加了部分工作。

　　在本卷编写过程中，故宫博物院李湜研究馆员、左远波研究馆员、黄希明研究馆员，沈阳故宫博物院李理研究员，以及佟洵、王雷、吴华忠等教授、专家，北京市大兴区文物管理所侯文学所长，都帮助我们做了很多工作，或提供图片，或扫描、拍照资料，在此，我们表示衷心的感谢。

　　需要指出的是，本卷的用图除故宫博物院提供外，我们还从故宫博物院编、朱诚如主编的《清史图典》，中国第一历史档案馆编、邢永福总主编的《清宫御档》，以及《清高宗南巡名胜图》《江南省行宫坐落并名胜图》《南巡盛典名胜图录》《清代御批奏折选编》《天下名山图咏》《十全乾隆（清高宗的艺术品位）》《水道寻往—天津图书馆藏清代舆图选》《名山图》《西巡盛典》《南巡盛典》《钦定清凉山志》《盘山志》《热河志》《泰山志》《永定河志》等书中选择了许多图。在此，我们向上述诸书的编辑者、出版者也表示衷心的感谢。

　　故宫出版社王志伟、王一珂先生为本卷的出版付出了辛勤的劳动，没有他们的努力，本卷也难以按时出版。在此，也向他们及出版社的相关同志表示衷心的感谢。

　　对于本书的缺点和错误，欢迎读者批评指正。

赵云田

2019 年 9 月 16 日

图书在版编目（CIP）数据

清宫图典.出巡卷／故宫博物院编.—北京：故宫出版社，
2019.12
ISBN 978-7-5134-1261-2

Ⅰ.①清… Ⅱ.①故… Ⅲ.①宫廷－史料－中国－清代－图
集 Ⅳ.① K249.06-64

中国版本图书馆 CIP 数据核字 (2019) 第 246280 号

清宫图典
出巡卷

故宫博物院 编
主　　编：朱诚如　任万平
本卷编著：赵云田　林　欢
出 版 人：王亚民
责任编辑：王一珂　任　晓
篆　　刻：阎　峻
装帧设计：李　猛
责任印制：常晓辉　顾从辉
出版发行：故宫出版社
　　　　　地址：北京市东城区景山前街 4 号　邮编：100009
　　　　　电话：010-85007808　010-85007816　邮箱：ggcb@culturefc.cn
制版印刷：北京雅昌艺术印刷有限公司
开　　本：889 毫米 ×1194 毫米　1/16
印　　张：19.25
字　　数：246 千字
版　　次：2019 年 12 月第 1 版
　　　　　2019 年 12 月第 1 次印刷
书　　号：ISBN 978-7-5134-1261-2
定　　价：396.00 元